SPANISH CONVERSATION MADE NATURAL

Engaging Dialogues to Learn Spanish

1st Edition

LANGUAGE GURU

Other Books by Language Guru

English Short Stories for Beginners and Intermediate Learners
Spanish Short Stories for Beginners and Intermediate Learners
French Short Stories for Beginners and Intermediate Learners
Italian Short Stories for Beginners and Intermediate Learners
German Short Stories for Beginners and Intermediate Learners
Russian Short Stories for Beginners and Intermediate Learners
Portuguese Short Stories for Beginners and Intermediate Learners
Korean Short Stories for Beginners and Intermediate Learners

Fluent English through Short Stories
Fluent Spanish through Short Stories

English Conversation Made Natural
French Conversation Made Natural
Italian Conversation Made Natural
German Conversation Made Natural
Russian Conversation Made Natural
Portuguese Conversation Made Natural
Korean Conversation Made Natural

TABLE OF CONTENTS

INTRODUCTION

W e all know that immersion is the tried and true way to learn a foreign language. After all, it's how we got so good at our first language. The problem is, it's extremely difficult to recreate the same circumstances when we are learning our second language. We come to rely so much on our native language for everything, and it's hard to make enough time to learn the second one.

We aren't surrounded by the foreign language in our home countries. More often than not, our families can't speak this new language we want to learn. Plus, many of us have stressful jobs or classes to attend. Immersion can seem like an impossibility.

What we can do, however, is to gradually work our way up to immersion, no matter where we are in the world. The way we can do this is through extensive reading and listening. If you have ever taken a foreign language class, chances are you are familiar with intensive reading and listening. In intensive reading and listening, a small amount of text or a short audio recording is broken down line by line, and every new word is looked up in the dictionary.

Extensive reading and listening, on the other hand, is quite the opposite. You read a large number of pages or listen to hours and hours of the foreign language without worrying about understanding everything. You look up as few words as possible and try to get through material from start to finish as quickly as you can. If you ask the most successful language learners, you'll find that the best results are delivered not by intensive reading and listening but, rather, by extensive reading and listening. Volume is exponentially more effective than total comprehension and memorization.

If you cannot understand native Spanish speakers, it is precisely because of a lack of volume. You simply have not read or listened enough to be able to instantly understand people like you can in your native language. This is why it's so important to invest as much time as possible into immersing yourself in native Spanish every single day.

To be able to read extensively, you must practice reading in the foreign language for hours every single day. It takes a massive volume of text before your brain stops intensively reading and shifts into extensive reading. Until that point, be prepared to look up quite a few words in the dictionary.

This book provides a few short Spanish-language dialogues that you can use to practice extensive reading. These conversations were written and edited by native Spanish speakers from Latin America. They use 100 percent real Spanish as used by native Spanish speakers every single day.

We hope these dialogues help build confidence in your overall reading comprehension skills and encourage you to read more native material. We also hope that you enjoy the book and that it brings you a few steps closer to extensive reading and fluency!

HOW TO USE THIS BOOK

To better simulate extensive reading, we recommend keeping things simple and using the dialogues in the following manner:

1. Read each conversation just once and no more.

2. Whenever you encounter a word you don't know, first try to guess its meaning by using the surrounding context before going to the dictionary.

3. After completing the reading for each chapter, test your understanding of the dialogue by answering the comprehension questions. Check your answers using the answer key located at the end of the book.

We also recommend that you read each conversation silently. While reading aloud can be somewhat beneficial for pronunciation and intonation, it's a practice aligned more with intensive reading. It will further slow down your reading pace and make it considerably more difficult for you to get into extensive reading. If you want to work on pronunciation and intonation, a better option would be to speak to a tutor in the foreign language so that you can practice what you have learned.

Memorization of any kind is completely unnecessary. Attempting to forcibly push new information into your brain only serves to eat up your time and make it that much more frustrating when you can't recall the information in the future. The actual language acquisition process occurs subconsciously, and any effort to memorize new vocabulary and grammar structures will store this information only in your short-term memory.

If you wish to review new information that you have learned from the dialogues, several other options would be wiser. Spaced Repetition Systems (SRS) allow you to cut down on your review time by setting specific intervals in which you are tested on information to promote long-term memory storage. Anki and the Goldlist Method are two popular SRS choices that give you the ability to review whatever information you'd like from whatever material you'd like.

Trying to actively review everything you learned through these conversational dialogues will slow you down on your overall path to fluency. While there may be an assortment of things you want to practice and review, the best way to go about internalizing new vocabulary and grammar is to forget it! If it's that important, it will come up through more reading and listening to other sources of Spanish. Languages are more effectively acquired when we allow ourselves to read and listen to them naturally.

With that, it is time to get started with our main character Mateo and his story told through 29 dialogues. Good luck, reader!

CAPÍTULO UNO:
CAMBIO DE CARRERA

(Mateo ha ido a la oficina del consejero estudiantil para cambiar de carrera)

Mateo: No estoy seguro de qué tipo de trabajo quiero hacer.

Consejero: Y eso es perfectamente normal. Muchos de nosotros andamos a la deriva por la vida tratando de averiguar dónde pertenecemos.

Mateo: Bueno, ciertamente no es química. Puedo asegurarlo. Yo era muy bueno en esa materia en la escuela secundaria, pero no creo que pueda desempeñarme en eso por el resto de mi vida.

Consejero: Me gustaría poder decirte cuál es tu verdadera pasión. Si pudiera hacerlo, todo esto de elegir una carrera sería mucho más directo, ¿cierto?

Mateo: Usted realmente necesita una bola de cristal en su escritorio.

Consejero: Lo sé, también podría venir a trabajar vestido con una bata y un sombrero de mago.

Mateo: Definitivamente. Por ahora, creo que cambiaré mi carrera a "pendiente" y haré un poco de examen de conciencia.

Consejero: Está bien. Para eso es exactamente la universidad.

Preguntas de comprensión

1. ¿Cuál es la carrera original de Mateo antes de decidir cambiarse?
   A. Historia
   B. Química
   C. Asesoramiento
   D. Mago

2. ¿A qué carrera decidió Mateo cambiarse?
   A. Química
   B. Asesoramiento
   C. Historia
   D. Pendiente

3. Si alguien está haciendo un "examen de conciencia", ¿qué significa esto realmente?
   A. Perdió su conciencia y ahora la está buscando.
   B. Está buscando el amor de su vida.
   C. Se está tomando el tiempo para pensar en sus emociones y motivos.
   D. Está cazando fantasmas.

English Translation

(Mateo has come to the student counseling office to change his major.)

Mateo: I'm just not sure what kind of work I want to do.

Counselor: And that's perfectly normal. A lot of us drift around in life trying to figure out where we belong.

Mateo: Well, it's certainly not chemistry. I can tell you that. I was really good at it in high school, but I just don't think I can do it for the rest of my life.

Counselor: I wish I could tell you what your true passion is. If I could, this whole career choice thing would be much more straightforward, wouldn't it?

Mateo: You really need a crystal ball at your desk.

Counselor: I know, right? I could also come to work dressed in a wizard's robe and hat.

Mateo: Definitely. For now, I think I'll change my major to "undecided" and do a little soul searching.

Counselor: That's OK. That's exactly what college is for.

CAPÍTULO DOS:
SESIÓN DE JUEGO

(Mateo va a casa de su mejor amigo Ángel para pasar el rato y jugar videojuegos)

Ángel: ¡Ahh! Morí de nuevo. Hombre, este nivel es muy difícil.

Mateo: Mira, no estamos trabajando en equipo. Nunca vamos a vencer a este jefe si actuamos por separado.

Ángel: Nuestros personajes son como el agua y el aceite. No se mezclan.

Mateo: ¿Qué pasa si yo lo distraigo mientras tú le haces el mayor daño posible? Cuando él empiece a apuntarte, cambiaremos de lugar.

Ángel: Entonces, ¿es como jugar al gato y el ratón?

Mateo: Sí, pero hay dos ratones. Y los ratones tienen armas.

Ángel: Vamos a intentarlo.

(Los dos reanudan el juego)

Ángel: Oye, lo hicimos.

Mateo: ¡Yey!

Ángel: No puedo creer que haya funcionado. ¡Eso fue genial! Oye, deberíamos salir a comer algo para celebrar.

Mateo: Muy bien. Vamos.

Preguntas de comprensión

1. ¿Qué sustancias no se mezclan bien entre sí?
   A. Agua y aceite
   B. Sal y agua
   C. Azúcar y agua
   D. Fuego y agua

2. ¿Cómo hacen los chicos para derrotar al jefe en el juego?
   A. Ellos van a buscar bocadillos para celebrar.
   B. Ellos trabajan juntos en equipo.
   C. Ellos actúan por separado.
   D. Ellos compran armas mejores.

3. ¿Cómo celebran Mateo y Ángel su victoria?
   A. Ellos chocan sus puños.
   B. Ellos tocan algo de música.
   C. Ellos salen a comer algo.
   D. Ellos no celebran su victoria.

English Translation

(Mateo goes over to his best friend Ángel's house to hang out and play video games.)

Ángel: Ahh! I died again. Man, this level is so hard.

Mateo: Look, we're not working as a team. We're never going to beat this boss if we act separately.

Ángel: Our characters are like water and oil. They don't mix.

Mateo: What if I distract him while you do as much damage as possible? When he starts targeting you, we will change places.

Ángel: So, it's like playing cat and mouse?

Mateo: Yeah, but there are two mice. And the mice have weapons.

Ángel: Let's try it.

(The two resume playing.)

Ángel: Hey, we did it.

Mateo: Yay!

Ángel: I can't believe that worked. That was great! Yo, we should go out and get something to eat to celebrate.

Mateo: Alright. Let's go.

CAPÍTULO TRES:
TIENDA

(Los dos están dentro de su tienda local mirando las estanterías)

Mateo: Entonces, ¿qué quieres comer?
Ángel: Comamos sándwiches.

(Los chicos llevan sus compras a la caja. Después de pagar, salen a comer en el carro de Mateo)

Ángel: ¡Guao! Esto está realmente bueno. ¿Esto es aguacate?
Mateo: Creo que es aguacate y pimiento rojo.
Ángel: Entonces, ¿qué te ha pasado últimamente? Dijiste que habías cambiado de carrera.
Mateo: Sí. No tengo ni idea de lo que quiero hacer.
Ángel: Yo igual. Yo ni siquiera quiero pensar en ello.
Mateo: Eventualmente tendrás que hacerlo, ¿verdad?
Ángel: No.
Mateo: ¿Qué tal cuando cumplas 30 años?
Ángel: Tampoco.
Mateo: ¿80?
Ángel: Seré un gamer hasta el día en que me muera. Retirarás el control de mis frías y muertas manos cuando me haya ido.

Preguntas de comprensión

1. En una tienda, ¿dónde sueles pagar tus compras?
    A. En la puerta
    B. En la oficina
    C. En el almacén
    D. En la caja

2. ¿Qué artículo NO es probable que encuentres en una tienda?
    A. Sándwiches
    B. Bocadillos
    C. Bebidas
    D. Controles de consolas de videojuegos

3. ¿Dónde comen los chicos sus sándwiches?
    A. Dentro de la tienda
    B. Dentro del carro de Ángel
    C. Dentro del carro de Mateo
    D. Dentro de los sándwiches

English Translation

(The two are inside their local store browsing the shelves.)

Mateo: So, what do you want to eat?
Ángel: Let's have sandwiches.

(The boys bring their purchases to the check-out. After paying for their food, they go out to eat in Mateo's car.)

Ángel: Wow! This is really good. Is this avocado?
Mateo: I think it's avocado and red pepper.
Ángel: So, what's going on with you lately? You said that you changed majors.
Mateo: Yeah. I have no idea what I want to do.
Ángel: Same. I don't even want to think about it.
Mateo: You'll eventually have to, right?
Ángel: Nope.
Mateo: How about when you turn 30?
Ángel: Not then either.
Mateo: 80?
Ángel: I will be a gamer to the day I die. You'll be prying the controller out of my cold, dead hands when I'm gone.

CAPÍTULO CUATRO:
SER PUNTUAL

(Mateo trabaja en una pizzería local como repartidor a tiempo parcial. Dentro de la tienda, Mateo y la gerente general de la pizzería están charlando mientras doblan las cajas de pizza)

Lucía: Entonces lo despedí. Entiendo que hay cosas que surgen y algunos días vas a llegar tarde; pero no llamar, no aparecerse, es inexcusable.

Mateo: Ya veo. Él era amistoso y divertido, pero no llamar ni presentarse es bastante malo.

Lucía: Sucede de vez en cuando. Muchos universitarios trabajan aquí y algunos de ellos quieren divertirse toda la noche. Luego, tienen mucha resaca o están demasiado cansados para venir a trabajar. Me gustaría que al menos llamaran.

Mateo: ¡Guao! Creo que eres la jefa más indulgente que he tenido.

Lucía: Oh, no. Aún así los despediría si supiera que esa es la razón por la que llamaron. Necesitamos un equipo fiable para dirigir este lugar.

Mateo: Recuérdame nunca causarte ningún inconveniente.

Lucía: Tú serías uno de los primeros a los que ascendería, de verdad.

Mateo: ¿En serio?

Lucía: Un segundo gerente estaría bien. Estoy aquí todos los días y no es bueno para mi salud mental. Necesito tiempo libre.

Mateo: Guao. Ni siquiera sé qué decir.

Lucía: No tienes que decir nada. El siguiente pedido está listo. Ve a entregarlo.

Preguntas de comprensión

1. ¿Qué es "no llamar, no aparecerse"?
   - A. Un empleado que es despedido
   - B. Cuando un empleado se ausenta del trabajo sin notificar al empleador
   - C. Una regla implícita en un lugar de trabajo
   - D. Una regla que prohíbe el uso de teléfonos inteligentes en el lugar de trabajo

2. ¿Qué es lo opuesto a "indulgente"?
   - A. Estricto
   - B. Recto
   - C. Inteligente
   - D. Superior

3. ¿Por qué Lucía quiere contratar a un segundo gerente?
   - A. Ella quiere competir con las otras tiendas locales de pizza.
   - B. Ella quiere que la asciendan.
   - C. Ella quiere renunciar.
   - D. Ella quiere tomarse un tiempo libre en el trabajo por su salud mental.

English Translation

(Mateo works at a local pizzeria as a part-time delivery driver. Inside the store, Mateo and the pizzeria's general manager are chatting while folding pizza boxes.)

Lucía: So I fired him. I understand that there are things that come up, and some days you are going to be late but not calling, not-showing up is inexcusable.

Mateo: I see. He was friendly and funny, but not calling or showing up is bad enough.

Lucía: It happens from time to time. So many college kids work here, and some of them want to party all night. Then they are too hungover or too tired to come to work. I wish they would at least call in.

Mateo: Wow! I think you're the most lenient boss I've ever had.

Lucía: Oh, no. I would still fire them if I knew that was the reason they called in. We need a reliable team to run this place.

Mateo: Remind me never to cause you any trouble.

Lucía: You'd be one of the first ones I would promote, honestly.

Mateo: Really?

Lucía: A second manager would be nice. I'm here every day, and it's not good for my mental health. I need the time off.

Mateo: Wow. I don't even know what to say.

Lucía: You don't have to say anything. The next order is ready. Go deliver it.

CAPÍTULO CINCO: CHARLA CON LOS COMPAÑEROS DE CLASE

(Mateo está en la universidad asistiendo a una conferencia de economía)

Profesor: Eso es todo por hoy. No se olviden de estudiar para el próximo examen. Por cada hora que pasen aquí, ustedes deberían pasar al menos dos horas repasando.

(Los estudiantes empiezan a empacar sus pertenencias y, al salir de la sala de conferencias, un estudiante a la izquierda de Mateo comienza una conversación)

Compañero de clase: ¿Dos horas? ¡Eso es demasiado! Todos tenemos vidas.
Mateo: Sí, es mucho.
Compañero de clase: Entiendo que tenemos que estudiar para obtener una buena nota y todo, ¡pero, amigo!
Mateo: Y es una clase de economía, la mayoría de la gente aquí no se está especializando. ¿Qué carrera estás cursando tú?
Compañero de clase: Ingeniería. ¿Y tú?
Mateo: Estoy pendiente, así que estoy a la deriva por ahora.

Compañero de clase: Ya veo. Sí, hay muchas cosas que pasan en el campus todos los días. ¿Has oído hablar del festival de cine de 48 horas que se celebrará este fin de semana?

Mateo: Es el festival en el que cada equipo tiene 48 horas para hacer una película, ¿verdad? Me enteré de eso. ¿Vas a ir?

Compañero de clase: Claro que sí. Voy a participar con algunos amigos a ver qué pasa. ¿Y tú?

Mateo: No, no puedo hacer nada relacionado con el cine. Ni siquiera estoy seguro de que duraría 48 segundos sin arruinar algo. Aunque he estado pensando en tomar clases de cocina.

Preguntas de comprensión

1. Según el profesor, si pasas 10 horas en clase, ¿cuántas horas debes repasar para el examen?
   A. 10 horas
   B. 15 horas
   C. 20 horas
   D. 25 horas

2. ¿Cuál de las siguientes NO es una especialidad universitaria?
   A. Pendiente
   B. Economía
   C. Ingeniería
   D. Estudiar

3. ¿Qué pasa en un festival de cine de 48 horas?
   A. La gente se reúne en un gran teatro para ver películas durante 48 horas.
   B. La gente se reúne para ver el estreno de una nueva película de 48 horas de duración.
   C. Los equipos entran para crear la mejor película en menos de 48 horas.
   D. Los equipos entran en una ultra maratón de 48 horas y la capturan en una película.

English Translation

(Mateo is at university attending an economics lecture.)

Professor: That will be it for today. Don't forget to study for your next exam. For every hour you spend here, you should spend at least two hours reviewing.

(The students start packing up their belongings, and as they leave the lecture hall, a student to the left of Mateo starts up a conversation.)

Classmate: Two hours? That's way too much! We all have lives.
Mateo: Yeah, it's a lot.
Classmate: I get that we have to study to get a good grade and all, but dude!
Mateo: And it's an economics class, which most people here are not majoring in. What major are you studying?
Classmate: Engineering. You?
Mateo: I'm undecided, so I'm floating around for now.
Classmate: I see. Yeah, there's so much going on campus every day. Have you heard about the 48-hour film festival coming up this weekend?
Mateo: It's the festival where each team has 48 hours to make a movie, right? I did hear about that. Are you going?
Classmate: Sure am. I'm going to participate with some friends to see what happens. How about you?
Mateo: Nah, I can't do anything film-related. I'm not even sure I would last 48 seconds without ruining something, although I've been thinking about taking cooking classes.

CAPÍTULO SEIS:
EL INGREDIENTE SECRETO

———

(Mateo asiste a una clase de cocina nocturna en el centro de estudiantes del campus)

Instructor: Las cebollas son la parte más importante de esta receta. Tienen que estar bien condimentadas o el curry no tendrá tanto sabor.

Estudiante #1: Entonces, ¿se agrega sal, pimienta, ajo y jengibre al cocinar las cebollas?

Instructor: Sí, y ahora viene el ingrediente secreto.

Estudiante #2: ¿Cuál es el ingrediente secreto?

Instructor: Ya no sería un secreto si te lo dijera.

Mateo: Pero, ¿cómo se supone que vamos a hacer este plato en casa?

Instructor: ¡La persona que adivine el ingrediente secreto recibe un premio!

Estudiante #1: Ok. ¿Es coco?

Instructor: No.

Estudiante #2: ¿Qué tal aceite de oliva?

Instructor: Inténtalo de nuevo.

Mateo: ¿Es el amor?

Instructor: Ese es el ingrediente secreto de todo, así que no.

Estudiante #1: ¿Helado?

(El instructor mira fríamente al estudiante #1)

Mateo: Creo que lo que él quiere decir es que todos nos rendimos.
Instructor: Muy bien, entonces. La respuesta correcta es albahaca. Y como nadie adivinó, parece que me quedaré con el premio para disfrutarlo yo solo.

Preguntas de comprensión

1. ¿Con qué condimenta el instructor las cebollas?
    A. Sal, pimienta, ajo y jengibre
    B. Sal, pimienta y aceite de oliva
    C. Sal, pimienta y aceite de coco
    D. Helado

2. ¿Dónde es la clase de cocina?
    A. En el centro de estudiantes, fuera del campus
    B. En una sala de conferencias
    C. Afuera del centro de estudiantes, fuera del campus
    D. En el centro estudiantil del campus

3. ¿Cuál es el premio por adivinar el ingrediente secreto?
    A. Albahaca
    B. Dinero en efectivo
    C. Helado
    D. Desconocido

English Translation

(Mateo attends an evening cooking class at the student center on campus.)

Instructor: The onions are the most important part of this recipe. They have to be well seasoned, or the curry will not have as much flavor.

Student #1: So, you add salt, pepper, garlic, and ginger when cooking the onions?

Instructor: Yes, and now comes the secret ingredient.

Student #2: What's the secret ingredient?

Instructor: It wouldn't be a secret anymore if I told you.

Mateo: But how are we supposed to make this dish at home?

Instructor: The person who guesses the secret ingredient gets a prize!

Student #1: OK. Is it coconut?

Instructor: No.

Student #2: How about olive oil?

Instructor: Try again.

Mateo: Is it love?

Instructor: That's the secret ingredient in everything, so nope.

Student #1: Ice cream?

(The instructor looks coldly at Student #1.)

Mateo: I think what he means is that we all give up.

Instructor: Very well, then. The correct answer is basil. And since no one guessed right, it looks like I will be keeping the prize to enjoy all by myself.

CAPÍTULO SIETE:
UNA CITA CON UNA EXTRAÑA

(Mateo ha conocido a alguien en línea a través de una aplicación de citas. Después de chatear durante unos días, acuerdan encontrarse en persona para tener una cita en una cafetería local)

Mateo: Hola, ¿eres Valeria?

Valeria: Sí. Hola.

Mateo: Soy Mateo. Encantado de conocerte.

Valeria: Encantada de conocerte, también.

Mateo: Te ves mucho más linda en persona.

Valeria: Oh, gracias. Tú también.

Mateo: Entonces, ¿vienes mucho a esta cafetería?

Valeria: Sí, a veces.

Mateo: ¿Cuándo?

Valeria: Después de la clase.

Mateo: Oh, eso es genial. ¿Cuál es tu carrera?

Valeria: Informática.

Mateo: ¿Cómo te va con eso?

Valeria: Es algo divertido, supongo.

Mateo: ¿Qué te hizo decidirte por eso?

Valeria: Hum, bueno, la paga es bastante buena.

Mateo: Paga bien, ¿cierto?

Valeria: Sí.

Mateo: Te gustan los trabajos que te pagan bien.

Valeria: Mmm…

(Los dos tienen un silencio incómodo durante unos 10 segundos)

Valeria: ¡Oh! Uh… acabo de recibir un mensaje de un amigo. Creo que debería ir a reunirme con ellos.
Mateo: Oh, está bien. Bueno, fue un placer conocerte.

(Valeria recoge sus pertenencias y sale de la cafetería. Mateo inmediatamente saca su celular y comienza a reflexionar sobre lo que salió mal)

Preguntas de comprensión

1. ¿Dónde conoció Mateo a Valeria?
    A. En la clase de cocina
    B. Durante una de sus clases
    C. Ambos trabajan en el mismo lugar de entrega de pizzas.
    D. A través de una aplicación de citas online

2. ¿Cómo describirías el tono general de la conversación en este capítulo?
    A. Incómodo
    B. Serio
    C. Arrogante
    D. Íntimo

3. ¿Cuándo será la segunda cita entre Mateo y Valeria?
    A. Cuando Mateo reciba su próximo cheque de pago
    B. En algún momento del fin de semana
    C. Cuando el semestre termine
    D. Probablemente no habrá una segunda cita.

English Translation

(Mateo has met someone online through a dating app. After chatting for a few days, they agree to meet in person for a date at a local coffee shop.)

Mateo: Hi, are you Valeria?
Valeria: Yes. Hi.
Mateo: I'm Mateo. Nice to meet you.
Valeria: Nice to meet you, too.
Mateo: You look a lot cuter in person.
Valeria: Oh, thanks. You, too.
Mateo: So, do you come to this coffee shop a lot?
Valeria: Yeah, sometimes.
Mateo: When?
Valeria: After class.
Mateo: Oh, that's cool. What is your major?
Valeria: Computer science.
Mateo: How are you doing with that?
Valeria: It's kind of fun, I guess.
Mateo: What made you decide on that?
Valeria: Um, well, the pay is pretty good.
Mateo: It pays well, right?
Valeria: Yup.
Mateo: You like jobs that pay you well.
Valeria: Mmm...

(The two have an awkward silence for roughly 10 seconds.)

Valeria: Oh. Uh... I just got a text from a friend. I think I should go meet them.

Mateo: Oh, OK. Well, it was nice meeting you.

(Valeria picks up her belongings and leaves the coffee shop. Mateo immediately takes out his smartphone and starts to ponder who went wrong.)

CAPÍTULO OCHO:
LEVANTAR PESAS

(Mateo ha decidido empezar a ejercitarse en el gimnasio que está en el campus de la universidad. Está a punto de empezar a levantar pesas cuando decide pedir ayuda)

Mateo: Disculpa. Siento molestarte.

Extraño: No hay problema. ¿Qué puedo hacer por ti?

Mateo: Acabo de empezar a hacer pesas hoy y me preguntaba cómo es que estás tan delgado y marcado. Es realmente impresionante.

Extraño: Oh, uh, gracias. Se requiere trabajo duro y tiempo, como cualquier otra cosa.

Mateo: Digamos que tienes ocho semanas para ponerte en forma empezando desde cero. ¿Qué harías?

Extraño: Bueno, vas a obtener resultados bastante limitados si te ejercitas solo por ocho semanas. La industria del fitness te hará creer que puedes conseguir el físico de un modelo profesional en ocho semanas si solo compras lo que ellos venden.

Mateo: No lo sé. He visto muchas fotos increíbles de antes y después.

Extraño: Ese es otro truco. Esos actores pagados ya tenían mucho músculo antes de ponerse a dieta para reducir la grasa.

Mateo: Muy bien, entonces: ¿qué clase de programa de ocho semanas sugerirías a un principiante?

Extraño: Te diré algo. Si empiezas con lo básico y haces sentadillas pesadas, pesos muertos y press de banca, verás un aumento muy real de fuerza y tamaño.

Mateo: Ok. ¿Puedes mostrarme qué máquinas uso para eso?

Extraño: Estos son ejercicios con la barra. Triplicarás tu fuerza si usas barras.

Mateo: No lo sé. Parece bastante difícil.

Extraño: Se supone que lo es. Así es exactamente cómo te vuelves grande y fuerte.

Mateo: Lo tendré en cuenta. ¿Qué harías en cuanto a la dieta?

Extraño: Vas a querer consumir un pequeño excedente de calorías que son alrededor de 200 a 300 calorías por encima de lo que normalmente comes. Y no hablo de comida chatarra, sino de comida nutritiva que también es alta en proteínas.

Mateo: ¿Quieres decir que tengo que contar las calorías?

Extraño: No tienes que hacerlo necesariamente. Empieza por eliminar toda la comida chatarra de tu dieta y reemplázala por una buena cantidad de alimentos saludables.

Mateo: Ok, ya veo. Realmente aprecio tu ayuda. Veré lo que puedo hacer.

(Abrumado por la información que le dio el desconocido, Mateo decide que es mejor ir a correr en la cinta)

Preguntas de comprensión

1. ¿Cuál de las siguientes frases describe con más precisión el físico del desconocido?
    A. Masivo y voluminoso
    B. Delgado y musculoso
    C. Frágil y delgado
    D. Blando y flácido

2. ¿Qué significa "ponerse en forma"?
    A. Estar físicamente saludable haciendo ejercicio
    B. Doblar algo en una forma particular para que encaje en otra cosa
    C. Convertirse en alguien que adopta múltiples formas
    D. Doblar el cuerpo para realizar ciertos ejercicios

3. El extraño recomienda que Mateo haga todo lo siguiente, excepto...
    A. Comer alimentos nutritivos con un excedente calórico
    B. Comer alimentos chatarra con déficit calórico
    C. Eliminar toda la comida basura
    D. Hacer ejercicios con pesas

English Translation

(Mateo has decided to start working out at the gym on the university campus. He is just about to start lifting weights when he decides to ask for help.)

Mateo: Excuse me. I'm sorry to bother you.

Stranger: No problem. What can I do for you?

Mateo: I just started weight training today, and I was wondering, how come you are so lean and shredded? It's really impressive.

Stranger: Oh, uh, thanks. It takes hard work and time like anything else.

Mateo: Let's say you have eight weeks to get into shape starting from scratch. What would you do?

Stranger: Well, you're going to get pretty limited results if you work out for only eight weeks. The fitness industry would have you believe that you can get a professional model's physique in eight weeks if you just buy what they are selling.

Mateo: I don't know. I've seen a lot of amazing before-and-after photos.

Stranger: That's another trick. Those paid actors already had a lot of muscle on them before they went on a diet to cut all the fat.

Mateo: Alright then. So, what kind of eight week program would you recommend for a beginner?

Stranger: I'll tell you what. If you start with the basics and do heavy squats, deadlifts, and bench presses, you'll see a very real increase in strength and size.

Mateo: OK. Can you show me which machines I use for those?

Stranger: These are barbell exercises. You will triple your strength if you use barbells.

Mateo: I don't know. That seems pretty hard.

Stranger: It's supposed to be. That's exactly how you get big and strong.

Mateo: I'll keep that in mind. What would you do diet-wise?

Stranger: You're going to want to consume a small surplus of calories that's about 200-300 calories above what you normally eat. And I'm not talking about junk food but nutritious food that's also high in protein.

Mateo: Do you mean I have to count calories?

Stranger: You don't have to necessarily. Start by cutting all junk food from your diet and replacing it with a good amount of healthy foods.

Mateo: OK, I see. I really appreciate the help. I'll see what I can do.

(Overwhelmed by the information the stranger gave him, Mateo decides it's better to go for a run on the treadmill.)

CAPÍTULO NUEVE:
LA ÚLTIMA TENDENCIA

(Mateo va a la casa de Ángel para pasar la noche)

Ángel: Entonces, ¿cómo te fue en la cita de esta semana con esa chica?

Mateo: Terrible. No duró más de tres minutos.

Ángel: Auch. ¿Fue una de esas citas en las que al instante se sintió incómodo?

Mateo: Más o menos. Creo que es por mi aspecto, pero nunca se sabe, ¿verdad?

Ángel: Por lo menos estás tratando de dar lo mejor de ti mismo. Estás destinado a encontrar a alguien si sigues intentándolo.

Mateo: ¿Qué hay de ti? Sé que tienes poco dinero, pero...

Ángel: Acabas de responder tu pregunta.

Mateo: ¿Cómo va la búsqueda de trabajo?

Ángel: Bien. Oye, ¿te has enterado del anuncio de hoy?

Mateo: No. ¿Cuál es?

Ángel: Anunciaron el nuevo RPG. Parece una locura. Incluso contrataron a algunas celebridades clase A para hacer el voice acting. El alboroto que rodea a este juego es irreal. Lo compré en la preventa en el momento en que terminó el evento de prensa.

Mateo: El Internet siempre está en furor por algo. Todavía no he jugado el gran juego que salió este año. Tan pronto como termino un juego, aparecen 10 más que la gente me dice que juegue. No puedo seguir el ritmo.

Ángel: Yo puedo.

Mateo: ¿Cómo?

Ángel: Fácil. No tengas una vida. Hazlo y de repente tendrás todo el tiempo del mundo. Problema resuelto.

Preguntas de comprensión

1. ¿Qué significa "dar lo mejor de sí mismo"?
   A. Ir afuera
   B. Escapar del peligro
   C. Hacer un esfuerzo considerable
   D. Ponerse en una situación peligrosa

2. ¿Qué es una "celebridad clase A"?
   A. Una celebridad que actualmente está en la cima de su carrera
   B. Una celebridad que aparece en una lista
   C. Una celebridad que obtuvo altas calificaciones en los exámenes de la escuela
   D. Una celebración de celebridades

3. ¿Qué significa "no tener una vida"?
   A. Estar muerto
   B. Estar inconsciente
   C. Usar todas tus vidas de jugador en un videojuego
   D. Pasar todo el tiempo sin hacer nada significativo

English Translation

(Mateo goes over to Ángel's house to spend the night.)

Ángel: So, how did your date go this week with that girl?

Mateo: Terrible. It didn't last longer than three minutes.

Ángel: Ouch. Was it one of those dates where you instantly felt uncomfortable?

Mateo: More or less. I think it's because of my looks, but you never know, right?

Ángel: At least you're trying to do your best. You're bound to find someone if you keep trying.

Mateo: What about you? I know you're low on money but...

Ángel: You just answered your own question.

Mateo: How's the job hunt coming along?

Ángel: Good. Hey, did you hear about today's announcement?

Mateo: No. What is it?

Ángel: They announced the new RPG. It looks insane. They even hired some A-list celebrities to do the voice acting. The hype surrounding this game is unreal. I pre-ordered it the moment the press event ended.

Mateo: The internet is always in a rage over something. I still haven't played the big game that came out this year. As soon as I finish a game, there are 10 more that people tell me to play. I can't keep up.

Ángel: I can.

Mateo: How?

Ángel: Easy. Don't have a life. Do that and suddenly you have all the time in the world. Problem solved.

CAPÍTULO DIEZ: SACRIFICIO

(Mateo está en el trabajo charlando con Lucía mientras dobla cajas de pizza)

Lucía: Tenemos un montón de entregas esta noche. Va a ser una noche muy ocupada. Me gusta cuando hay mucho por hacer. Significa que el tiempo pasa muy rápido y que llegaremos a casa antes de que nos demos cuenta.

Mateo: He oído que tienes un hijo. ¿Qué edad tiene?

Lucía: Acaba de cumplir 15 años.

Mateo: Entonces, ¿él se queda en casa con su padre mientras tú estás aquí en la noche?

Lucía: Cariño, él tiene un padre, pero no un papá.

Mateo: Entonces, ¿lo criaste tú sola?

Lucía: Sí, así fue. Por supuesto, mi hijo no lo ve de esa manera. Tuve que trabajar casi todos los días para pagar nuestras cuentas, así que no pasamos mucho tiempo juntos. Mi madre, su abuela, lo cuidaba mientras yo trabajaba.

Mateo: Pero ahora es lo suficientemente grande como para quedarse en casa solo, ¿verdad?

Lucía: Sí. Es bueno para mi madre, que necesitaba un descanso; pero ahora él es solitario, ¿entiendes?

Mateo: Eso es duro.

Lucía: Competimos con otros dos servicios de entrega de pizza y se necesita de todo mi esfuerzo para mantenernos en el negocio. Si me tomo un día libre, recibo una llamada del dueño y él nunca llama a menos que sea algo malo.

Mateo: ¡Guao! Eso es mucho con lo que lidiar. Si te hace sentir mejor, un día tu hijo mirará atrás y se dará cuenta de lo mucho que su madre se sacrificó por él.

Lucía: ¿Ese día puede ser hoy, por favor?

Preguntas de comprensión

1. ¿Por qué a Lucía le gustan las noches ocupadas?

 A. Ella es la que gana más dineroen esas noches.

 B. El tiempo pasa rápido, lo que significa que todos tienen la sensación de que se van a casa temprano.

 C. El propietario viene a visitarlos.

 D. Significa que habrá una fiesta de celebración al salir del trabajo.

2. ¿Cómo fue criado el hijo de Lucía?

 A. Por Lucía y su esposo, que trabajaban tiempo completo

 B. Por Lucía, que trabajaba tiempo completo mientras su madre de Lucía lo cuidaba en casa

 C. Por los padres adoptivos que lo cuidaban en casa

 D. En un orfanato

3. ¿Qué pasa si Lucía se toma un día libre?

 A. La pizzería se incendiará.

 B. Los empleados se quejarán.

 C. El propietario la llamará y la regañará.

 D. Los clientes no pedirán comida.

English Translation

(Mateo is at work chatting with Lucía while folding pizza boxes.)

Lucía: We have a lot of deliveries tonight. It's going to be a very busy night. I like it when there's a lot to do. It means that time goes by very quickly, and we will be home before we know it.

Mateo: I heard you have a son. How old is he?

Lucía: He just turned 15.

Mateo: So, he stays home with his dad while you're here in the evening?

Lucía: Honey, he has a father but not a dad.

Mateo: So, you raised him by yourself?

Lucía: Yes, I did. Of course, my son doesn't see it that way. I had to work almost every day to pay our bills, so we didn't get to spend too much time together. My mom, his grandmother, took care of him while I worked.

Mateo: But now he is old enough to stay home alone, right?

Lucía: Yes. It's good for my mom, who needed the break, but now he's lonely, you know?

Mateo: That's rough.

Lucía: We compete with two other pizza delivery places, and it takes all my effort to keep this place in business. If I take a day off, I get a call from the owner, and he never calls unless it's something bad.

Mateo: Wow! That's a lot to deal with. If it makes you feel better, one day your child will look back and realize how much his mom sacrificed for him.

Lucía: Can that day be today, please?

CAPÍTULO ONCE: CONVERSANDO CON LOS CLIENTES

(Mateo ha salido a entregar una pizza. Llega al apartamento del cliente y toca el timbre con el pedido en la mano. Un hombre de mediana edad abre la puerta)

Mateo: Hola. Tengo una pizza de piña para el apartamento 312.

Cliente: Soy yo. Aquí está el efectivo del pedido. Puedes quedarte con el cambio.

Mateo: Gracias.

Cliente: Parece que eres estudiante universitario. ¿Estoy en lo cierto?

Mateo: Sí, señor.

Cliente: Los mejores cuatro años de mi vida los pasé allí. Vive mientras puedas porque esos años dorados se irán antes de que te des cuenta.

Mateo: Ciertamente lo intentaré.

Cliente: ¿Qué estudias?

Mateo: Hice química por un tiempo, pero ahora no estoy seguro de lo que quiero hacer.

Cliente: No te preocupes por eso. Tienes toda tu vida para averiguarlo. Eres joven. Solo disfruta de la vida universitaria. ¡Las fiestas, la bebida, los nuevos amigos y las mujeres!

Mateo: ¡Lo haré! Por cierto, si no te importa que pregunte, ¿qué estudiaste?

Cliente: Historia. Aunque al final no me sirvió de nada. No pude encontrar un trabajo después de graduarme, así que ahora también soy repartidor.

Preguntas de comprensión

1. ¿Cómo pagó el cliente la pizza?
   A. Con tarjeta de crédito
   B. Con un cheque
   C. En efectivo
   D. Por giro postal

2. ¿Qué consejo le dio el cliente a Mateo?
   A. No preocuparse tanto por su carrera universitaria y en cambio divertirse
   B. Entrar rápidamente en una relación a largo plazo, establecerse y casarse
   C. Enfocar toda la atención y el tiempo en sus estudios
   D. Concentrarse en acumular tanto dinero como pueda para prepararse para el futuro

3. ¿Cuál fue el problema del cliente al estudiar historia?
   A. La encontró demasiado aburrida.
   B. Se dio cuenta de que los trabajos relacionados con historia no pagaban tanto como él quería.
   C. No pudo encontrar trabajo después de graduarse.
   D. Dejó la universidad.

English Translation

(Mateo has gone out to deliver a pizza. He arrives at the customer's apartment and rings the doorbell with the order in hand. A middle-aged man opens the door.)

Mateo: Hi. I have a pineapple pizza for apartment 312.

Customer: That's me. Here's the cash for the order. You can keep the change.

Mateo: Thank you.

Customer: You look like you're a college student. Am I right?

Mateo: Yes, sir.

Customer: The best four years of my life were spent there. Live it while you can because those golden years will be gone before you know it.

Mateo: I will certainly try.

Customer: What are you studying?

Mateo: I did chemistry for a while, but now I'm not sure what I want to do.

Customer: Don't worry about that. You have your whole life to figure that out. You're young. Just enjoy the college life – the parties, the drinking, the new friends, and the women!

Mateo: I will! By the way, if you don't mind me asking, what did you study?

Customer: History. Although, in the end, it didn't help me at all. I couldn't find a job after I graduated, so now I'm a delivery driver, too.

CAPÍTULO DOCE:

TOMANDO LIBROS PRESTADOS

(Mateo está en la biblioteca del campus buscando un libro inspirador. Encuentra un libro que le gustaría leer y va a pedirlo prestado)

Mateo: Hola, me gustaría pedir prestado este libro.

Bibliotecario: Ok. ¿Tienes tu carnet de estudiante?

Mateo: Sí. Aquí está.

Bibliotecario: Está bien. Déjame poner este libro a tu nombre.

(Pasan unos momentos de silencio)

Mateo: Oye, ¿alguna vez has leído algo del autor de este libro?

Bibliotecario: No puedo decir que lo haya hecho. ¿Qué clase de autor es?

Mateo: He oído que él escribe sobre las vidas de personas que han hecho historia. Mucha gente me ha recomendado sus libros por la sabiduría práctica que contienen.

Bibliotecario: Oh, eso suena bien. Soy más un lector de ficción. Creo que todas las grandes historias tienen algo de sabiduría subyacente. Pero lo que me gusta de la ficción es que depende del mismo lector encontrar e interpretar esa lección de vida.

Mateo: Debido a la escuela, yo siempre he asociado la lectura de novelas con el aburrimiento.

Bibliotecario: Entonces, ¿por eso lees no ficción?

Mateo: En realidad, no leo mucho. Este es el primer libro que tomo prestado que no es para la escuela.

Preguntas de comprensión

1. ¿Qué necesitas para sacar un libro de la biblioteca de la universidad?
    A. Un carnet de identificación de estudiante
    B. Dinero
    C. Una licencia de conducir
    D. Una identificación estatal

2. ¿Sobre qué escribe el autor del libro en el que Mateo está interesado?
    A. Sobre la vida de los bibliotecarios
    B. Sobre las vidas de las personas que han hecho historia
    C. Sobre la historia de la sabiduría práctica
    D. Sobre la historia de la gente y del mundo

3. ¿Por qué el bibliotecario prefiere la ficción?
    A. Es más divertida y apasionante que la no ficción.
    B. Depende del lector encontrar la sabiduría y las lecciones de vida contenidas en la trama.
    C. Tiene fantasía, ciencia ficción y novelas románticas.
    D. Es más sabio leer ficción que no ficción.

English Translation

(Mateo is in the campus library, looking for an inspiring book. He finds a book that he would like to read and goes to borrow it.)

Mateo: Hi, I'd like to borrow this book.
Librarian: OK. Do you have your student ID card?
Mateo: Yes. Here it is.
Librarian: All right. Let me just put this book in your name.

(A few moments of silence pass.)

Mateo: Hey, have you ever read anything by the author of this book?
Librarian: Can't say that I have. What kind of author is he?
Mateo: I've heard that he writes about the lives of people who have made history. So many people have recommended his books to me because of the practical wisdom they contain.
Librarian: Oh, that does sound good. I'm more of a fiction reader. I think all great stories have some underlying wisdom. But what I like about fiction is that it's up to the reader to find and interpret that life lesson.
Mateo: Because of school, I've always associated reading novels with boredom.
Librarian: So, that's why you read non-fiction?
Mateo: Actually, I don't really read much. This is the first book I've borrowed that isn't for school.

CAPÍTULO TRECE:
TIEMPO EN FAMILIA

(Mateo está recostado en el sofá de la sala de su apartamento disfrutando de su nuevo libro cuando su madre regresa de hacer compras)

Mamá: Hola, Mateo.

Mateo: Bienvenida de nuevo.

Mamá: Gracias. El nuevo mercado de aquí es muy económico. ¡Me encanta!

Mateo: ¿Ah, sí? ¿Qué compraste?

Mamá: Compré todas nuestras verduras a mitad de precio. Hay rábanos frescos, calabazas y coles. También conseguí frutas bastante económicas. Tenemos manzanas, fresas y arándanos.

Mateo: Eso suena muy bien. ¿Qué vamos a cenar esta noche?

Mamá: En realidad, estaba pensando en pedir comida a domicilio esta noche. ¿Qué te parece sopa y sándwiches?

Mateo: Me encantaría.

Mamá: Es un placer. Por cierto, ¿para qué clase es ese libro?

Mateo: No es para la clase. Lo conseguí en la biblioteca.

Mamá: Oh. ¿Has terminado de estudiar por hoy?

Mateo: Mamá, ni siquiera sé qué quiero estudiar.

Mamá: Pensé que estabas cursando química.

Mateo: No. Me retiré. Cambié mi carrera a pendiente por ahora.

Mamá: Bueno, está bien que mantengas tu cerebro en forma. ¿Qué opinas de estudiar algo relacionado con la ciencia?

Mateo: La química era la ciencia que más me gustaba, pero no estoy seguro de que sea mi verdadera pasión.

(Mateo entierra su cara en su libro)

Mateo: Mamá, ¿por qué la vida tiene que ser tan difícil?
Mamá: Hay una cita muy buena de Bruce Lee que me encanta: "No reces por una vida fácil. Reza para tener la fuerza para soportar una vida difícil".

Preguntas de comprensión

1. ¿Qué compró la madre de Mateo en el mercado?
   A. Ramen, encurtidos, pepinos, albaricoques, helados y plátanos
   B. Arroz, pizza, zanahorias, bellotas, ensaladas y bagels
   C. Condimento, piñas, pastel, espárragos, sándwiches y tocino
   D. Rábanos, calabazas, coles, manzanas, fresas y arándanos

2. ¿Qué van a cenar Mateo y su madre esta noche?
   A. Harán sopa y sándwiches en casa.
   B. Conseguirán sopa y sándwiches en un restaurante de entrega a domicilio.
   C. Comerán sopa y sándwiches en un restaurante local.
   D. Irán a casa de un amigo para tomar sopa y sándwiches.

3. ¿Cuál de los siguientes campos de estudio NO está relacionado con la ciencia?
   A. Química
   B. Física
   C. Biología
   D. Criptología

English Translation

(Mateo is lying on the couch in the living room of his apartment, enjoying his new book when his mom comes back from grocery shopping.)

Mom: Hey, Mateo.

Mateo: Welcome back.

Mom: Thanks. The new grocery store here is so cheap. I love it!

Mateo: Oh yeah? What did you buy?

Mom: I bought all our vegetables at half price. There's fresh radishes, pumpkins, and cabbage. I also got some pretty cheap fruit. We have apples, strawberries, and blueberries.

Mateo: That sounds great. What are we having for dinner tonight?

Mom: Actually, I was thinking about ordering take-out tonight. How about soup and sandwiches?

Mateo: I'd love some.

Mom: My pleasure. By the way, what class is that book for?

Mateo: It's not for class. I got it at the library.

Mom: Oh. Have you finished studying for the day?

Mateo: Mom, I don't even know what I want to study.

Mom: I thought you were studying chemistry.

Mateo: Nah. I dropped it. I changed my major to undecided for now.

Mom: Well, it's good that you're keeping your brain sharp. What do you think about studying something else related to science?

Mateo: Chemistry was the science I liked best, but I'm not sure it's my true passion.

(Mateo buries his face into his book.)

Mateo: Mom, why does life have to be so hard?

Mom: There's a really good quote by Bruce Lee that I love. "Pray not for an easy life. Pray for the strength to endure a difficult one."

CAPÍTULO CATORCE: LA DEFINICIÓN DE GENIO

(Mateo y Ángel están tomando unos tragos en un bar local)

Ángel: ¿Qué significa que no existe tal cosa como un genio?

Mateo: Lo que llamamos genio es solo alguien que ha descubierto cuáles son sus talentos naturales y ha pasado más de 10 años perfeccionándolos. La gente solo ve el resultado final y nada del trabajo duro, así que es fácil llamarlo genio.

Ángel: Pero, ¿qué pasa con Mozart? ¿No era un niño prodigio?

Mateo: Ese es un gran ejemplo. Lo que la gente no considera es que él había mostrado un nivel muy alto de interés en la música desde una edad muy temprana. Y su padre era un músico profesional, compositor, director de orquesta y profesor. Para cuando Mozart cumplió tres años, recibía clases de piano de su padre a nivel profesional todo el día, todos los días. Por la noche, sus padres tenían que apartarlo del piano para que se durmiera.

Ángel: No lo sé. ¿Cómo puedes creer que no existe tal cosa como un genio? ¿De dónde sacas este argumento?

Mateo: De un libro.

Ángel: ¿Creerías en algo que leíste en un solo libro?

Mateo: Bueno, también he escuchado este argumento en otros lugares. Como seres humanos, no queremos aceptar nuestros errores y fracasos personales, por lo que es más fácil mirar a las personas de éxito y llamarlos afortunados, dotados o genios.

Ángel: ¡Vaya!, ¿ahora estás diciendo que la gente no tiene suerte? ¿Qué hay de las áreas increíblemente competitivas como la actuación o YouTube?

Mateo: La suerte es definitivamente un factor, no lo dudo. Lo que estoy diciendo es que, si quieres más suerte, tienes que tomar más riesgos.

(Mientras Mateo habla, Ángel mira por encima del hombro de Mateo y ve a dos chicas atractivas sentadas en otra mesa)

Ángel: Hablando de correr más riesgos, veo algunos al otro lado del salón en este momento. Sigue mi ejemplo.

Preguntas de comprensión

1. ¿Cómo define Mateo lo que es un "genio"?
    A. Alguien que es extraordinariamente inteligente y hábil
    B. Alguien que inventa algo revolucionario
    C. Alguien que ha descubierto sus talentos naturales y ha pasado más de 10 años perfeccionándolos
    D. Alguien que ha pasado más de 10 años en busca de sus talentos naturales

2. ¿Cuál es otra palabra para "genio"?
    A. Intelectual
    B. Perfecto
    C. Prodigio
    D. Profesional

3. Según Mateo, "si quieres más suerte…"
    A. "tienes que tirar los dados".
    B. "tienes que tener suerte".
    C. "tienes que correr más riesgos".
    D. "tienes que encontrar una herradura o un trébol de cuatro hojas".

English Translation

(Mateo and Ángel are having drinks in a local bar.)

Ángel: What do you mean there's no such thing as a genius?

Mateo: What we call genius is just someone who has figured out what their natural talents are and has spent over 10 years perfecting them. People see only the end result and none of the hard work, so it's just easy to call it genius.

Ángel: But what about Mozart? Wasn't he a child prodigy?

Mateo: That's a great example. What people don't consider is that he had shown a very high level of interest in music from a very early age. And his father was a professional musician, composer, conductor, and teacher. By the time Mozart turned three, he was receiving piano lessons from his dad on a professional level all day, every day. At night, his parents had to take him away from the piano just to get him to sleep.

Ángel: I don't know. How can you believe that there's no such thing as a genius? Where are you getting this argument from?

Mateo: From a book.

Ángel: You would believe something you read in a single book?

Mateo: Well, I've heard this argument other places, too. As humans, we don't want to accept our personal failures and mistakes, so it's easier to look at successful people and call them lucky, gifted, or genius.

Ángel: Whoa! Now you're saying people don't get lucky? What about incredibly competitive fields like acting or YouTube?

Mateo: Luck is definitely a factor. I don't doubt it. What I'm saying is that if you want more luck, you got to take more chances.

(While Mateo is talking, Ángel looks over Mateo's shoulder and spots two attractive girls sitting at another table.)

Ángel: Speaking of taking more chances, I see some across the room right now. Follow my lead.

CAPÍTULO QUINCE: DESPACHAR UNA RECETA MÉDICA

(Mateo está en la farmacia local para recoger una nueva medicina)

Mateo: Hola, estoy aquí para recoger los medicamentos indicados en mi receta.

Farmacéutico: Ok. ¿Cómo te llamas?

Mateo: Mateo Peña.

Farmacéutico: ¿Tu fecha de nacimiento?

Mateo: 20 de febrero del 2000.

Farmacéutico: Ok. Muy bien. Vuelvo enseguida.

(El farmacéutico va a recoger la medicina de Mateo)

Farmacéutico: Está bien. ¿Tienes alguna pregunta sobre la toma de este medicamento?

Mateo: Sí. Lo tomo por la mañana y por la noche, ¿verdad?

Farmacéutico: Así es.

Mateo: ¿Lo tomo con la comida o puedo tomarlo con el estómago vacío?

Farmacéutico: Cualquiera de las dos cosas está bien.

Mateo: Ya veo. ¿Qué tal si tomo la medicación a diferentes horas del día? Mi horario cambia todo el tiempo debido al trabajo y a la escuela.

Farmacéutico: Siempre y cuando cada dosis se tome en algún momento de la mañana y en algún momento de la noche, estará bien.

Mateo: Ok, gracias. ¡Espera! Olvidé preguntar una última cosa. Me trago la píldora, ¿verdad? ¿O es masticable?

Farmacéutico: Tienes que tragarla. No puedes masticarla. Aparte de eso, ¿puedo ayudarte en algo más?

Mateo: Sí. ¿Dónde está la fuente de agua? Tengo que tomarla lo antes posible.

Preguntas de comprensión

1. ¿Dónde recoges las medicinas?
   A. Farmacia
   B. Oficina del doctor
   C. Escuela
   D. Lugar de trabajo

2. ¿Qué puede pasar si tomas cierta medicación con el estómago vacío?
   A. Puede provocarte asma.
   B. Puede provocarte gripe.
   C. Puedes enfermarte mucho.
   D. Puedes hacerte adicto al medicamento.

3. ¿Cuál de las siguientes opciones NO es una administración oral de medicamentos?
   A. Inyectada
   B. Tragada
   C. Masticada
   D. Tomada

English Translation

(Mateo is at the local pharmacy to pick up a new medicine.)

Mateo: Hi, I'm here to pick up the medications indicated on my prescription.
Pharmacist: OK. What's your name?
Mateo: Mateo Peña.
Pharmacist: Your date of birth?
Mateo: February 20, 2000.
Pharmacist: OK. Great. I'll be right back.

(The pharmacist goes to pick up Mateo's prescription.)

Pharmacist: Alright. Do you have any questions about taking this medication?
Mateo: Yes. I take it in the morning and in the evening, right?
Pharmacist: That's right.
Mateo: Do I take it with food or can I take it on an empty stomach?
Pharmacist: Either is fine.
Mateo: I see. How about if I take the medication at different times of the day? My schedule changes all the time due to work and school.
Pharmacist: As long as each dose is taken sometime in the morning and sometime in the evening, you'll be fine.
Mateo: OK, thank you. Wait! I forgot to ask one last thing. I swallow the pill, right? Or is it chewable?
Pharmacist: You have to swallow it. You can't chew it. Other than that, is there anything else I can help you with?
Mateo: Yes. Where's the water fountain? I need to take it as soon as possible.

CAPÍTULO DIECISÉIS: ENTREVISTA A UN TESTIGO

(Mateo está en casa viendo las noticias locales en la televisión)

Presentador: Las autoridades dicen que el paradero del sospechoso es todavía desconocido. Lo que sí sabemos es que el sospechoso es un hombre que tiene entre 18 y 35 años y que su estatura es cercana a 1,80 m. Ahora vamos a entrevistar a una persona que fue testigo en la escena.

(La cámara pasa a un corresponsal de noticias y a una mujer de mediana edad)

Periodista: ¿Puede resumir brevemente lo que vio?

Testigo: Yo caminaba a casa desde el trabajo cuando noté que alguien estaba bailando salvajemente en la intersección, justo adelante. Cuando me acerqué a la intersección, vi que llevaba una gran máscara de caballo y que estaba en ropa interior. Yo pensé que había tomado las pastillas equivocadas o algo así, pero no, eso realmente sucedió hoy.

Periodista: ¿Cuánto tiempo estuvo esta persona allí?

Testigo: Desde el momento en que lo noté, yo diría que alrededor de un minuto.

Periodista: ¿Qué pasó después de eso?

Testigo: Él hizo una rápida reverencia y luego corrió por la calle. No más de 30 segundos después, unos cuantos carros de policía aparecieron con sirenas a todo volumen.

(La cámara se dirige al presentador de noticias que está en el estudio)

Presentador: Esta es la tercera aparición del bailarín enmascarado en los últimos meses. En cada aparición, varios crímenes de allanamiento de morada han sido reportados cerca del show del hombre enmascarado. Las autoridades sospechan que hay una conexión entre los eventos.

Preguntas de comprensión

1. ¿Cuál de las siguientes opciones NO es un sinónimo de la palabra "reportero"?

    A. Presentador de noticias

    B. Corresponsal

    C. Periodista

    D. Testigo

2. ¿Qué atuendo llevaba el bailarín enmascarado?

    A. Solo ropa interior

    B. Esmoquin completo

    C. Casual de negocios

    D. Semiformal

3. ¿Cuál de las siguientes opciones es un sinónimo de "allanamiento de morada"?

    A. Delito

    B. Robo

    C. Incendio premeditado

    D. Fraude

English Translation

(Mateo is at home watching the local news on TV.)

Newscaster: Authorities say that the suspect 's whereabouts are still unknown. What we do know is that the suspect is a man who is between 18 and 35 years old and is approximately 180 centimeters tall. We go now to an interview with a person who was a witness at the scene.

(The camera cuts to a news correspondent and a middle-aged woman.)

Reporter: Can you briefly summarize what you saw?
Witness: I was walking home from work when I noticed someone was dancing wildly at the intersection just up ahead. As I got closer to the intersection, I saw that they were wearing a large horse mask and was in their underwear. I thought I had taken the wrong pills or something, but no, that actually happened today.
Reporter: How long was this person there?
Witness: From the time I noticed him, I would say about a minute.
Reporter: What happened after that?
Witness: He took a quick bow and then ran down the street. No more than 30 seconds later, a few cop cars showed up with their sirens blazing loud.

(The camera cuts back to the news anchor in the studio.)

Newscaster: This is the masked dancer's third appearance in the last few months. In each appearance, several crimes of breaking-and-entering have been reported near the masked man's show. Authorities suspect a connection between the events.

CAPÍTULO DIECISIETE: COMBINANDO FUERZAS

(Mateo asiste a una conferencia de historia mundial en el campus)

Profesor: No olviden que los exámenes parciales son dentro de dos semanas. Este examen corresponde al 25 por ciento de la calificación total. Si no han empezado a prepararse para el examen, el mejor momento sería ahora. Eso es todo por hoy. Disfruten el resto de la tarde.

(Los estudiantes comienzan a empacar sus pertenencias y se dirigen a la salida. Otro estudiante se acerca a Mateo)

Estudiante #1: Hola. ¿Estarías interesado en formar parte de un grupo de estudio para prepararnos para el examen?
Mateo: Claro. ¿Cuántos tienes hasta ahora?
Estudiante #1: Bueno, ahora que estás dentro, somos dos personas.
Mateo: Oh, ya veo. Uh...
Estudiante #1: No te preocupes. Todo lo que tenemos que hacer es invitar a unas cuantas personas antes de que se vayan.

(Mateo asiente con la cabeza. Los dos estudiantes se separan para encontrar más miembros para su recién formado grupo)

Mateo: Hola. ¿Estás buscando un grupo de estudio para el examen parcial?

Estudiante #2: Eso realmente es una buena idea. Me uniré.

Mateo: Ok, genial. Ahora solo necesitamos la hora y el lugar.

(Mateo y otros cuatro estudiantes se ponen de pie en círculo para planear la hora y el lugar de la reunión)

Estudiante #1: Estaba pensando que podríamos reunirnos este viernes a las 6 p. m. en la biblioteca. ¿Suena bien para todos?

(Los estudiantes asienten con la cabeza, intercambian información de contacto y poco después se separan)

Preguntas de comprensión

1. ¿Cuándo se suele hacer un examen parcial durante un semestre?
    A. Al final del semestre
    B. Alrededor de la mitad del semestre
    C. Al comienzo del semestre
    D. En cualquier momento al azar

2. ¿Cómo formaron los estudiantes el grupo de estudio?
    A. Ellos preguntaron e invitaron a los compañeros al final de la clase.
    B. Ellos pusieron un anuncio en el tablón de anuncios.
    C. Ellos organizaron grupos a través de un foro en línea.
    D. Ellos preguntaron e invitaron a otros estudiantes a fiestas.

3. ¿Cómo decidieron mantenerse en contacto los estudiantes?
    A. Se pararon en círculo y se tomaron de las manos.
    B. Intercambiaron información de contacto.
    C. Todos ellos viven en el mismo edificio.
    D. Ellos asintieron con la cabeza.

English Translation

(Mateo is attending a world history lecture on campus.)

Professor: Don't forget that midterms are in two weeks. This test counts for 25 percent of your total grade. If you haven't started preparing for the test, the best time would be now. That will be all for today. Enjoy the rest of the afternoon.

(The students start packing up their belongings and heading for the exit. Another student approaches Mateo.)

Student #1: Hi. Would you be interested in being a part of a study group to help prepare for the exam?
Mateo: Sure. How many do you have so far?
Student #1: Well, now that you're in, that makes two people.
Mateo: Oh, I see. Uh...
Student #1: Don't worry. All we have to do is invite a few more people before they leave.

(Mateo nods his head. The two students split up to find more members to add to their newly formed group.)

Mateo: Hello. Are you looking for a study group for the midterm?
Student #2: That actually is a good idea. I'll join.
Mateo: OK, great. Now we just need a time and place.

(Mateo and four other students stand in a circle to arrange the time and place of the meeting.)

Student #1: I was thinking we could meet this Friday at 6 p.m. at the library. Sound good with everybody?

(The students nod their heads, exchange contact information and split up shortly after.)

CAPÍTULO DIECIOCHO:
ORDENAR ALMUERZO

(Mateo se encuentra ordenando una ensalada para el almuerzo en el patio de comidas del campus)

Empleado: Hola. Bienvenido a Salad Express. ¿Qué puedo ofrecerle?

Mateo: Hola. Me gustaría pedir una ensalada jardinera.

Empleado: Ok. ¿Le gustaría espinacas o lechuga romana?

Mateo: Tomaré lechuga romana.

Empleado: ¿Y qué verduras le gustarían con ella?

Mateo: Apio, cebolla, pimientos y pepinos, por favor.

Empleado: Ok. ¿Y le gustaría alguna otra cobertura?

Mateo: Sí, por favor: anacardos, frambuesas, croutons y tiras de tortilla.

Empleado: Hecho. ¿Y qué aderezo puedo agregarle?

Mateo: El italiano bajo en calorías, por favor.

Empleado: Muy bien. ¿Le gustaría algún bocadillo o bebida con su pedido?

Mateo: Voy a tomar una bolsa de papas fritas y un refresco dietético. Eso será todo para mí.

Empleado: Ok. ¿Esto será para comer aquí o para llevar?

Mateo: Para comer aquí.

(Mateo nota a la distancia a un gran grupo de más de 100 estudiantes caminando juntos)

Mateo: Oye, ¿alguna idea de lo que está pasando con esa multitud de allá?

Empleado: Oh, no estoy seguro. Supongo que tiene algo que ver con la concentración de hoy en el campus.

Preguntas de comprensión

1. ¿Cuáles de los siguientes NO se consideran verduras?
   A. Apio, cebolla, pimientos y pepinos
   B. Espinacas, lechuga romana, lechuga iceberg y col rizada
   C. Papas, batatas, maíz y calabaza
   D. Aceitunas, tomates, aguacates y calabazas

2. ¿Cuáles de los siguientes alimentos se consideran típicamente frutos secos?
   A. Anacardos, cocos y uvas pasas
   B. Anacardos, nueces de macadamia y croutons
   C. Anacardos, aceitunas y nueces
   D. Anacardos, almendras y cacahuetes

3. ¿Cuál de las siguientes opciones describe mejor lo que es una gaseosa dietética?
   A. Un refresco de tamaño más pequeño
   B. Una bebida que causa pérdida de peso
   C. Una bebida que está científicamente probada como de mejor sabor que la soda regular
   D. Una bebida carbonatada con poco o nada de azúcar, aromatizada con edulcorantes artificiales

English Translation

(Mateo is ordering a salad for lunch at the food court on campus.)

Employee: Hi. Welcome to Salad Express. What can I get you?

Mateo: Hello. I'd like to order a garden salad.

Employee: OK. Would you like spinach or romaine lettuce?

Mateo: I'll take romaine lettuce.

Employee: And which vegetables would you like on it?

Mateo: Celery, onion, peppers, and cucumbers, please.

Employee: OK. And would you like any other toppings?

Mateo: Yes, please - cashews, raspberries, croutons, and tortilla strips.

Employee: Done. And what dressing can I add?

Mateo: The low-calorie Italian, please.

Employee: Alright. Would you like any snacks or drinks with your order?

Mateo: I'll take a bag of chips and a diet soda. That will be it for me.

Employee: OK. Will this be for here or to go?

Mateo: For here.

(Mateo notices in the distance a large group of more than 100 students walking together.)

Mateo: Hey, any idea what's going on with that crowd over there?

Employee: Oh, I'm not sure. I guess it has something to do with the rally on campus today.

CAPÍTULO DIECINUEVE: SALA DE ESTUDIOS

(Mateo y otros cuatro estudiantes de su clase de historia se han reunido para compartir notas y prepararse para el examen parcial)

Estudiante #1: Por lo tanto, sabemos que el examen será de 20 preguntas de opción múltiple seguidas de una pregunta de ensayo.

Estudiante #2: Correcto. Y la pregunta de ensayo es el 50 por ciento de la calificación del examen. Ahora, ¿tenemos alguna idea de cuál será el tema de la pregunta de ensayo?

Estudiante #1: No, pero podríamos adivinar. ¿Alguna idea?

Mateo: Me pregunto si será sobre el Imperio Romano y Julio César. Al profesor le gusta mucho ese tema.

Estudiante #2: Tal vez. Estaba pensando en que va a ser sobre Alejandro Magno. El profesor dio muchas charlas sobre su vida.

Estudiante #3: ¿Qué tal si todos estudiamos muy duro sobre Alejandro Magno y luego Genghis Khan resulta ser el tema del ensayo?

Mateo: ¿Qué pasa si la pregunta es sobre los tres?

(Los cinco estudiantes murmuran en señal de aprobación)

Estudiante #1: Eso tiene que ser. Las conferencias se centran mucho en los imperios como reflejo de los líderes.

Estudiante #4: Siento interrumpir. ¿Quiere decir que la pregunta del ensayo será sobre los imperios o los líderes?

Mateo: Esa es una buena pregunta. Difícil de responder.

Preguntas de comprensión

1. ¿Qué tipo de prueba será el examen parcial?
    A. Contendrá 20 preguntas, algunas de las cuales son de opción múltiple y otras de ensayo.
    B. Contendrá 20 preguntas de opción múltiple y una pregunta de ensayo.
    C. Contendrá 20 ensayos que puedes elegir para responder de múltiples maneras.
    D. Contendrá 20 preguntas.

2. ¿Cuáles fueron los tres líderes mencionados en la conversación en este capítulo?
    A. El Imperio Romano, el Imperio Macedonio y el Imperio Mongol
    B. Mateo, Ángel y Lucía
    C. Alejandro Magno, Napoleón Bonaparte y el profesor
    D. Julio César, Alejandro Magno y Genghis Khan

3. ¿Por qué es tan importante la pregunta del ensayo en el examen parcial?
    A. Porque no habrá examen final
    B. Porque contará como la mitad de la calificación del estudiante en el examen
    C. Porque al profesor no le gustan las preguntas de opción múltiple
    D. Porque esa es la única pregunta del examen

English Translation

(Mateo and four other students from his history class have gathered to share notes and prepare for the midterm.)

Student #1: Therefore, we know that the test will be 20 multiple-choice questions followed by an essay question.

Students #2: Right. And the essay question is 50 percent of the exam's grade. Now, do we have any idea what the essay's question topic will be?

Student #1: No, but we could guess. Any ideas?

Mateo: I wonder if it will be on the Roman Empire and Julius Caesar. The professor really likes that topic.

Student #2: Maybe. I was thinking it's going be on Alexander the Great. The professor gave many lectures on his life.

Student #3: What if we all studied real hard on Alexander the Great, and then, Genghis Khan turned out to be the essay topic?

Mateo: What if the question is on all three?

(The five students mutter in agreement.)

Student #1: That's gotta be it. The lectures focus a lot on empires as a reflection of leaders.

Student #4: Sorry to interrupt. Do you mean that the essay question will be on empires or the leaders?

Mateo: That's a good question. Hard to answer.

CAPÍTULO VEINTE:
DE UNA TIERRA EXTRANJERA

(Los cinco estudiantes están actualmente en un descanso de la revisión. Mateo aprovecha esta oportunidad para aprender más sobre la estudiante extranjera del grupo)

Mateo: Entonces, ¿cuál es tu nombre?

Lin: Me llamo Lin. Encantada de conocerte.

Mateo: Mucho gusto. ¿De dónde eres?

Lin: Soy de China, pero vine aquí para estudiar negocios y economía.

Mateo: ¿Ah, sí? ¿Y cómo va eso?

Lin: Es difícil. Necesito estudiar más.

Mateo: Lo mismo digo. Pero cuanto más estudio, más perdido me siento. Es difícil para todos nosotros.

Lin: Quizás algunos viajes podrían ayudarte. ¿Alguna vez has viajado fuera de tu país?

Mateo: No.

Lin: Definitivamente lo recomiendo. Aprendes mucho sobre el mundo y también sobre ti mismo. Puede que te ayude a descubrir lo que realmente quieres.

Mateo: Me gusta cómo suena eso.

Lin: ¡Siempre podrías venir a China!

Mateo: Aprender chino suena demasiado difícil. Estaba pensando en Europa, de hecho.

Preguntas de comprensión

1. ¿Cuál es el propósito de la visita de Lin?
    A. Estudiar negocios y economía
    B. Iniciar un negocio en la economía local
    C. Estudiar negocios y relaciones internacionales
    D. Iniciar una empresa de consultoría en negocios y economía

2. ¿A dónde ha viajado Mateo antes?
    A. Medio Oriente
    B. Australia
    C. Antártida
    D. Ninguno de los anteriores

3. Viajar por el mundo puede ayudarte en todo lo siguiente, excepto...
    A. Enseñarte sobre ti mismo
    B. Enseñarte sobre el mundo
    C. Ayudarte a averiguar cuál es la pregunta del ensayo en el examen parcial
    D. Ayudarte a descubrir lo que realmente quieres

English Translation

(The five students are currently on a break from the review. Mateo takes this opportunity to learn more about the foreign student in the group.)

Mateo: So, what's your name?

Lin: My name is Lin. Nice to meet you.

Mateo: Nice to meet you. Where are you from?

Lin: I'm from China, but I came here to study business and economics.

Mateo: Oh, yeah? How's that going?

Lin: It's hard. I need to study more.

Mateo: Same here. But the more I study, the more lost I feel. It's hard for all of us.

Lin: Maybe some traveling could help. Have you ever traveled outside of your country?

Mateo: No.

Lin: I definitely recommend it. You learn so much about the world and also about yourself. It might help you find out what you really want.

Mateo: I like the sound of that.

Lin: You could always come to China!

Mateo: Learning Chinese sounds too hard. I was thinking about Europe, actually.

CAPÍTULO VEINTIUNO:

HOGAR, DULCE HOGAR

(Mateo acaba de terminar su turno en el trabajo y se prepara para ir a casa, pero antes le hace una pregunta a Lucía)

Mateo: Oye, Lucía. ¿Alguna vez has viajado al extranjero?

Lucía: Sí, pero fue hace mucho tiempo.

Mateo: ¿Ah, sí? ¿A dónde?

Lucía: A Suecia. Allí visité a mi familia durante unos meses.

Mateo: ¿En serio? ¿Cómo fue la experiencia?

Lucía: Muy frío. ¡Dios mío, hacía frío! Tuve que llevar un abrigo pesado mientras todos los demás llevaban solo camisas de manga larga. ¡Fue una locura!

Mateo: ¿Al menos te divertiste mientras estabas congelándote?

Lucía: Me encantó estar allí. Fui de excursión todo el tiempo a las montañas. Es el lugar más hermoso que he visto.

Mateo: Guao. ¿Por qué no vivir allí más tiempo, entonces?

Lucía: Crecí aquí, en este país. He aprendido que este es mi hogar. Es donde pertenezco.

Mateo: No estoy seguro de sentir lo mismo. Aquí es aburrido. De hecho, he estado pensando en hacer algunos viajes.

Lucía: ¿Oh? ¿A dónde?

Mateo: Ni idea. Tal vez a Europa.

Lucía: Definitivamente deberías. Te dará una perspectiva totalmente nueva del mundo.

Mateo: Sí. Me pregunto si debería hacer un programa de estudios en el extranjero.

Lucía: Yo lo haría. Hazlo antes de que sea demasiado tarde. Una vez que te cases y tengas hijos, ¡se acabó el juego! Desde ese momento, olvídate de tener una vida.

Preguntas de comprensión

1. ¿Qué piensa Lucía de su estancia en Suecia?
   - A. Aunque hacía mucho frío, al final le encantó el viaje.
   - B. Odiaba todo lo relacionado con el viaje.
   - C. Era indiferente a toda la experiencia.
   - D. Aunque ocasionalmente extrañaba su hogar, en general, la pasó muy bien.

2. ¿Por qué regresó Lucía a casa?
   - A. En Suecia hacía demasiado frío.
   - B. Porque ella siente que pertenece a este lugar
   - C. Los impuestos son demasiado altos en Suecia.
   - D. Es mejor comenzar una familia en casa.

3. Vivir en un país extranjero y asistir a una universidad en ese país como estudiante se llama...
   - A. Tener una vida.
   - B. Español en el extranjero.
   - C. Estudiar en el extranjero.
   - D. Tener una perspectiva totalmente nueva.

English Translation

(Mateo has just finished his shift at work and is getting ready to go home, but first, he asks Lucía a question.)

Mateo: Hey, Lucía. Have you ever traveled abroad?

Lucía: Yeah, but it was a long time ago.

Mateo: Oh, yeah? Where to?

Lucía: To Sweden. I visited my family there for a few months.

Mateo: Really? How was the experience?

Lucía: Very cold. My god, it was cold! I had to wear a heavy coat while everyone else was wearing just long-sleeved shirts. It was crazy!

Mateo: Did you at least have fun while you were freezing?

Lucía: I loved being there. I went hiking all the time in the mountains. It is the most beautiful place I've ever seen.

Mateo: Wow. Why not live there longer, then?

Lucía: I grew up here in this country. I've learned that this is my home. It's where I belong.

Mateo: I'm not sure I feel the same. It's boring here. In fact, I've been thinking about doing some traveling.

Lucía: Oh? Where to?

Mateo: No idea. Maybe to Europe.

Lucía: You definitely should. It will give a whole new perspective on the world.

Mateo: Yeah. I wonder if I should do a study abroad program?

Lucía: I would. Do it before it's too late. Once you get married and have kids, it's game over! From that point, forget about having a life.

CAPÍTULO VEINTIDÓS:
PAUSA DE HELADO

(Mientras descansan de los videojuegos, Mateo y Ángel deciden salir a comer helado y dar un paseo por el parque)

Mateo: Guao, el clima es perfecto hoy.

Ángel: Sí, perfecto para quedarse dentro y jugar.

Mateo: Tengo el presentimiento de que dirás que no importa el tiempo que haga.

Ángel: ¡Pero por supuesto! Además, este helado es increíble. ¡Este sabor a fresa es muy bueno!

Mateo: La fresa no está mal, pero siempre termino eligiendo vainilla o chocolate. No puedes equivocarte con ninguno de los dos.

Ángel: ¿Qué acabas de comprar?

Mateo: Me decidí por vainilla esta vez.

Ángel: Ah. Me pregunto si venden ese helado con los tres sabores.

Mateo: ¿Te refieres a chocolate, fresa y vainilla?

Ángel: ¡Sí! Olvidé el nombre. ¿Era el sabor Napoleón?

Mateo: Napolitano.

Ángel: Oh, sí. Por un segundo pensé en Napoleón.

Mateo: Eso sería una tontería.

Ángel: Cuando has conquistado la mitad del mundo, en un momento dado tiende a haber muchas cosas bautizadas en tu honor, como el síndrome de Napoleón.

Mateo: Eso es cierto. Pero espera. Eso me lleva a preguntarme: ¿Por qué no puedo pensar en nada con el nombre de Genghis Khan?

Preguntas de comprensión

1. Durante el descanso de los videojuegos, ¿qué hicieron Mateo y Ángel?
    A. Compraron crema batida y salieron a correr por el parque.
    B. Compraron crema de afeitar y dieron un paseo por el parque de atracciones.
    C. Compraron helado y fueron a dar un paseo por el parque.
    D. Se tomaron un tiempo para estudiar un poco de historia.

2. ¿Cuáles son los tres sabores que contiene el helado napolitano?
    A. Cacao, arándano y vainilla
    B. Chocolate, fresa y vainilla
    C. Chocolate, fresa y villano
    D. Cacao, fresa y villano

3. Según Ángel, cuando has conquistado la mitad del mundo...
    A. Tiende a haber muchas cosas bautizadas en tu honor.
    B. Tiende a haber muchas cosas con nombres antes del tuyo.
    C. Tiende a haber muchas cosas bautizadas contigo.
    D. Tiende a haber cosas que te gustan.

English Translation

(While taking a break from video games, Mateo and Ángel decide to go out for ice cream and take a walk in the park.)

Mateo: Wow, the weather is perfect today.

Ángel: Yup, perfect for staying inside and playing.

Mateo: I have a feeling you would say that no matter what the weather is.

Ángel: But of course! Also, this ice cream is amazing. This strawberry flavor is so good!

Mateo: Strawberry is not bad, but I always end up choosing vanilla or chocolate. You can't go wrong with either.

Ángel: Which did you get just now?

Mateo: I went with vanilla this time.

Ángel: Ah. I wonder if they sell that ice cream with all three flavors.

Mateo: You mean chocolate, strawberry, and vanilla?

Ángel: Yeah! I forgot the name of it. Was it Napoleon flavor?

Mateo: Neapolitan.

Ángel: Oh, yeah. For a second, I thought of Napoleon.

Mateo: That would just be silly.

Ángel: When you've conquered half of the world, at some point there tends to be a lot of things named after you, like the Napoleon complex.

Mateo: That is true. But wait. That leads me to wonder. Why can't I think of anything with the name Genghis Khan?

CAPÍTULO VEINTITRÉS: ESCAPANDO DE LA REALIDAD

(Mateo y Ángel están charlando en el sofá, luego de terminar una sesión de juego)

Ángel: Si vas a ir al extranjero, tienes que ir a Japón. Es obligatorio.

Mateo: No lo sé. El japonés se oye bastante difícil.

Ángel: Solo consigue una novia japonesa y aprenderás súper rápido. Estarás completamente inmerso en la lengua.

Mateo: Si eso fuera cierto, ¿no volverían todos los turistas hablando con fluidez el japonés?

Ángel: Una semana o dos no es suficiente. Estarás allí por lo menos seis meses. Piénsalo. Podrás disfrutar de los últimos juegos y anime el día que se lancen en Japón.

Mateo: Tal vez. Es una posibilidad. Pero si todo esto suena tan bien, ¿por qué no vas a estudiar allí?

Ángel: La única cosa que quiero estudiar es cómo vencer a este jefe por el que seguimos muriendo.

Mateo: ¿No te preocupa tu futuro?

Ángel: Ese es el problema de mi yo del futuro.

Mateo: Cada día piensas en nuevas formas de postergar las cosas, lo juro. Es impresionante, de hecho.

Ángel: Soy así de bueno.

Mateo: ¿Qué voy a hacer contigo?

Ángel: Ayudarme a vencer a este jefe, por supuesto.

(Mateo deja salir un largo suspiro y sacude la cabeza lentamente. Después de unos segundos de silencio, coge su control: está listo para volver a jugar)

Preguntas de comprensión

1. ¿A qué se refiere la expresión "inmersión en la lengua"?
  A. Aprender un idioma mientras se está inmerso bajo el agua
  B. Aprender un idioma a través de la exposición ininterrumpida al mismo
  C. Aprender un idioma a través de la realidad virtual de inmersión
  D. Aprender un idioma a través del turismo

2. ¿Por qué Ángel cree que Mateo debe viajar a Japón?
  A. Es mucho mejor que China.
  B. Puede disfrutar de las últimas novedades en anime y videojuegos el día que se lanzan en Japón.
  C. El japonés es el idioma más fácil de aprender.
  D. Las novias japonesas son las mejores que se pueden tener.

3. ¿Cómo impresiona Ángel a Mateo en este capítulo?
  A. Es muy persistente en persuadir a Mateo para que vaya a Japón.
  B. Piensa en nuevas formas de aplazar las cosas.
  C. Piensa en la forma de vencer al jefe en el juego.
  D. Es la persona más extraña que Mateo ha conocido.

English Translation

(Mateo and Ángel are chatting on the couch after finishing a gaming session.)

Ángel: If you're going to go abroad, you have to go to Japan. It's a must.

Mateo: I don't know. Japanese sounds pretty hard.

Ángel: Just get a Japanese girlfriend and you'll learn super-fast. You'll be completely immersed in the language.

Mateo: If that were true, wouldn't all tourists come back speaking fluent Japanese?

Ángel: A week or two isn't enough. You'll be there for at least six months. Think about it. You'll be able to enjoy all the latest games and anime the day they come out in Japan.

Mateo: Maybe. It's a possibility. But if all this sounds so good, why don't you go and study there?

Ángel: The only thing I want to study is how to beat this boss we keep dying to.

Mateo: Don't you worry about your future?

Ángel: That's a problem for future me.

Mateo: Every day you think of new ways to procrastinate, I swear. It's impressive, actually.

Ángel: I'm just that good.

Mateo: What am I going to do with you?

Ángel: Help me beat this boss, of course.

(Mateo lets out a long sigh and shakes his head slowly. After a few seconds of silence, he picks up his controller, ready to play again.)

CAPÍTULO VEINTICUATRO: REPARACIÓN DE AUTOS

(El auto de Mateo ha estado comportándose de forma extraña últimamente. Lo lleva a un mecánico local para que le ayude a diagnosticar y resolver el problema)

Mecánico: Hola. ¿Qué puedo hacer por ti hoy?

Mateo: Hola. Mi carro se ha estado comportando mal últimamente. Cuando me detengo en un semáforo, todo el carro empieza a vibrar. Sin embargo, tan pronto como empiezo a moverme, la vibración se detiene. Aparte de eso, el carro ha estado funcionando bien.

Mecánico: Ok, ya veo. Déjame echarle un vistazo rápido y hacer una breve prueba. Mientras tanto, siéntate allí en la sala de estar. Iré a buscarte cuando esté listo.

Mateo: Muy bien. Gracias.

(Mientras Mateo ve la televisión y se prepara una taza de café en el salón, el mecánico abre el capó del auto y mira más de cerca el problema. Después de unos 30 minutos, el mecánico llama a Mateo a la recepción)

Mecánico: Revisé lo básico. Encontré que el aceite está bien. Su transmisión es buena. Los neumáticos están bien. La batería no tiene problemas. No hay fugas en ninguna parte. Así que lo más probable es que sea un problema de bujías.

Mateo: ¡Oh, eso es una buena noticia! Pensé que era la transmisión.

Mecánico: No. No, en absoluto. Ahora, podemos reemplazar todas las bujías y cilindros con nuestro servicio especial de puesta a punto. ¿Te parece bien?

Mateo: ¿Necesitas reemplazar los cilindros también? ¿Cuánto costará eso?

Mecánico: Bueno, el servicio de puesta a punto para este modelo antiguo mantendrá tu carro funcionando mucho más tiempo. Si hacemos la puesta a punto completa, será un total de 9.400 pesos.

Mateo: ¡Dios mío! No estoy seguro de poder pagar eso. ¿Puedo hacer una llamada telefónica rápida?

Preguntas de comprensión

1. ¿Cuál de las siguientes opciones es un sinónimo de la frase "portarse mal"?
   A. Actuar de forma extraña
   B. Actuar de forma negativa
   C. Actuar en consecuencia
   D. Actuar rápido

2. ¿Cuál parece ser el principal problema del auto de Mateo?
   A. Las bujías están funcionando mal.
   B. La transmisión está rota.
   C. Los neumáticos están desinflados.
   D. Los cilindros no son cilíndricos.

3. ¿Por qué el mecánico recomienda el servicio especial de puesta a punto?
   A. Porque quiere ser el nuevo amigo de Mateo
   B. Porque esto, potencialmente, podría ayudar a un vehículo de modelo antiguo a durar más tiempo
   C. Porque le dará al vehículo un olor a carro nuevo
   D. Porque afinará el carro para que esté listo para los piques

English Translation

(Mateo's car has been acting strange lately. He takes it to a local mechanic to help diagnose and solve the problem.)

Mechanic: Hi. What can I do for you today?

Mateo: Hello. My car has been acting up lately. When I stop at a traffic light, the whole car starts vibrating. However, as soon as I start moving, the vibrating stops. Other than that, the car has been running fine.

Mechanic: OK, I see. Let me take a quick look at it and do a brief test. In the meantime, have a seat over there in the lounge area. I'll come get you when I'm ready.

Mateo: Alright. Thanks.

(While Mateo watches TV and makes himself a cup of coffee in the lounge area, the mechanic opens the hood of the car and takes a closer look at the problem. After around 30 minutes, the mechanic calls Mateo to the front desk.)

Mechanic: I checked the basics. I found that your oil is good. Your transmission is good. The tires are fine. The battery has no issues. There's no leakage anywhere. So, it's most likely a spark plug issue.

Mateo: Oh, that's good news! I thought it was the transmission.

Mechanic: Nope. Not at all. Now, we can replace all the spark plugs and cylinders with our special tune-up service. Would you be OK with that?

Mateo: You need to replace the cylinders, too? How much will that cost?

Mechanic: Well, the tune-up service for this older model would keep your car running much longer. If we do the full tune-up, it will be a total of 9,400 pesos.

Mateo: Oh my god! I'm not sure I can afford that. Can I make a quick phone call?

CAPÍTULO VEINTICINCO: UNA SEGUNDA OPINIÓN

(Mateo está al teléfono con su madre)

Mamá: ¿Hola?

Mateo: Hola, mamá. Estoy aquí en el taller mecánico y me preguntaba si tenemos suficiente dinero para cubrir las reparaciones.

Mamá: ¿Cuánto es?

Mateo: Uh, 9.400 pesos.

Mamá: Oh, Señor. ¿Cuál es el problema? ¿Qué están reemplazando?

Mateo: Dijeron que son las bujías y posiblemente los cilindros.

Mamá: Cariño, esos arreglos no cuestan 9.400 pesos. Podríamos cambiar todo eso por menos de 2.000 pesos.

Mateo: Pero ofrecieron su servicio de puesta a punto para que el auto funcione mejor.

Mamá: Eso se llama aprovecharse de la gente. Los mecánicos saben que la mayoría de la gente no es experta en carros, así que ofrecen todo tipo de servicios caros para subir el precio. Es todo basura innecesaria que no necesitas.

Mateo: Oh, entiendo. Entonces, ¿dónde deberíamos conseguir los repuestos del auto?

Mamá: Es más barato pedirlos por Internet. Hagámoslo esta noche.

Mateo: Pero ¿cómo voy a llegar a la escuela mañana?

Mamá: Bueno, tendré que llevarte hasta que lleguen las piezas.

Mateo: Eso funciona. Y, eh, no estoy seguro de qué decirle a Ángel. Él necesita que lo lleven al trabajo mañana.

Mamá: ¿Ángel consiguió trabajo?

Preguntas de comprensión

1. ¿Qué piensa la madre de Mateo sobre la oferta del mecánico?

    A. Ella piensa que Mateo debe aprovechar el arreglo.

    B. Ella piensa que otro mecánico podría ofrecer un mejor trato.

    C. Ella cree que Mateo se está aprovechando del mecánico.

    D. Ella cree que se están aprovechando de Mateo.

2. Si eres experto en carros, eso significa...

    A. Que tienes poco o ningún conocimiento y experiencia con carros.

    B. Que tienes conocimiento y experiencia en ser crédulo.

    C. Que tienes mucho conocimiento y experiencia con carros.

    D. Que eres crédulo en lo que se refiere a los carros.

3. ¿Cómo llegará Mateo a la escuela mañana?

    A. Ángel lo va a llevar.

    B. Ángel va a empezar en un nuevo trabajo.

    C. Su mamá lo va a volver loco.

    D. Su mamá lo va a llevar.

English Translation

(Mateo is on the phone with his mom.)

Mom: Hello?

Mateo: Hi, Mom. I'm here at the mechanic shop, and I was wondering if we have enough money to cover the repairs.

Mom: How much is it?

Mateo: Uh, 9,400 pesos.

Mom: Oh, lord. What is the issue? What are they replacing?

Mateo: They said it's the spark plugs and possibly the cylinders.

Mom: Honey, those repairs don't cost 9,400 pesos. We could change all of that for less than 2000 pesos.

Mateo: But they offered their tune-up service to make the car run better.

Mom: That's called taking advantage of people. Mechanics know most people are not experts with cars, so they offer all kinds of expensive services to drive up the price. It's all unnecessary crap you don't need.

Mateo: Oh, I see. So, where should we get the car parts?

Mom: It's cheaper to order them online. Let's do that tonight.

Mateo: But how will I get to school tomorrow?

Mom: Well, I'll just have to drive you until the parts come in.

Mateo: That works. And, uh, I'm not sure what to tell Ángel. He needs a ride to work tomorrow.

Mom: Ángel got a job?

CAPÍTULO VEINTISÉIS: DEJAR EL NIDO

(Luego de arreglar el auto, Mateo y su madre se relajan tomando un té y comiendo algunos bocadillos)

Mateo: En realidad, no fue tan malo. Pensé que sería mucho más difícil de lo que fue.

Mamá: ¡Te lo dije!

Mateo: ¿Dónde aprendiste todo eso sobre carros? ¿De papá?

Mamá: Absolutamente no. Yo tuve que aprender mucho por mí misma para sobrevivir como madre soltera. Tienes que reducir los gastos siempre que puedas.

Mateo: Yo me imaginé que como él era bueno con las reparaciones electrónicas, también era bueno con otro tipo de máquinas.

Mamá: Él podría haberte enseñado al menos algo de eso antes de irse.

Mateo: Sí, bueno, no lo hizo. Y eso fue hace mucho tiempo, ¿verdad?

Mamá: Ya han pasado unos 10 años.

Mateo: Así que, de todos modos, yo creo que he decidido lo que quiero hacer en la universidad.

Mamá: Oh, ¿qué es?

Mateo: Creo que quiero estudiar en el extranjero.

Mamá: Oh. ¿Dónde?

Mateo: No lo he decidido todavía, pero estoy pensando en algún lugar de Europa.

Mamá: ¿Qué te hizo decidirte a viajar?

Mateo: Siento que tengo que irme por mi cuenta y comenzar algún tipo de viaje.

Mamá: También podrías hacer eso en este país. Solo consigue un trabajo y tu propia casa.

(Mateo cierra sus labios con fuerza y mira por la ventana mientras una larga pausa de silencio llena la habitación)

Mamá: Si quieres irte, tendrás que encontrar una manera de pagarlo. Con el pago de tu matrícula, ya estamos cortos de dinero en efectivo.

Mateo: Entonces tendré que encontrar una manera.

Preguntas de comprensión

1. ¿Dónde aprendió la madre de Mateo sobre reparación de carros?

   A. Aprendió del padre de Mateo.

   B. Aprendió por sí misma para ahorrar dinero.

   C. Es mecánica de profesión.

   D. Todas las madres solteras saben cómo arreglar un carro.

2. ¿El padre de Mateo era experto en qué tipo de reparación?

   A. Eléctrico

   B. Electricista

   C. Electrónica

   D. Electricidad

3. ¿Qué hizo que Mateo se decidiera a viajar?

   A. Él quiere ir a buscar a su padre.

   B. Él quiere comenzar un tipo de viaje.

   C. Él quiere encontrar al amor de su vida.

   D. Él quiere impresionar a su madre.

English Translation

(After fixing the car, Mateo and his mom relax by having some tea and eating some snacks.)

Mateo: Actually, that wasn't too bad. I thought it would be much harder than it was.

Mom: I told you!

Mateo: Where did you learn all that stuff about cars? From Dad?

Mom: Absolutely not. I had to learn a lot on my own to survive as a single mom. You have to cut costs whenever you can.

Mateo: I figured that because he was good with electronic repairs he was also good with other kinds of machines.

Mom: He could have at least taught you some of that before he left.

Mateo: Yeah, well, he didn't. And that was a long time ago, right?

Mom: It's been about 10 years now.

Mateo: So, anywho, I think I've decided what I want to do in college.

Mom: Oh, what's that?

Mateo: I think I want to study abroad.

Mom: Oh. Where?

Mateo: I haven't decided yet, but I'm thinking somewhere in Europe.

Mom: What made you decide to travel?

Mateo: I feel like I have to go out on my own and start some sort of journey.

Mom: You could do that in this country, too. Just get a job and your own place.

(Mateo shuts his lips tightly and looks out the window as a long pause of silence fills the room.)

Mom: If you want to go, you'll have to find a way to pay for it. With your tuition fees, we're already short on cash.
Mateo: Then I'll have to find a way.

CAPÍTULO VEINTISIETE: EL GRAN ASCENSO

(Mateo está en la pizzería negociando con Lucía un ascenso a un puesto de dirección)

Lucía: ¿Estás seguro de esto? No lo hagas a menos que estés 100 por ciento seguro.

Mateo: Estoy 100 por ciento seguro. Tengo que conseguir dinero de alguna manera y esto también te permitirá tomarte un tiempo libre.

Lucía: Me preocupa si puedes o no manejar el nuevo nivel de estrés que conlleva ser gerente. La responsabilidad del trabajo más tus tareas escolares te pasarán factura con el tiempo.

Mateo: Dijiste que me ascenderías en un abrir y cerrar de ojos, ¿no?

Lucía: No pensé que realmente quisieras el trabajo.

Mateo: Tampoco yo hasta hace poco. Siento que mi vida no va en ninguna dirección ahora mismo, así que tengo que solucionarlo ahorrando dinero para viajar al extranjero.

Lucía: ¿Dijiste que te irías de viaje dentro de un año?

Mateo: Eso es correcto.

Lucía: Bueno, aunque sea solo un año, prefiero tener un gerente temporal que ningún gerente. Así que, dicho esto, bienvenido a bordo, gerente Mateo.

(Lucía extiende su mano con gusto y Mateo le ofrece la suya con confianza. Ellos se dan la mano)

Lucía: Déjame mostrarte la oficina.

Mateo: Claro que sí.

(Oculta detrás de una enorme pila de papeles, Mateo nota una foto enmarcada de un adolescente puesta sobre el escritorio)

Lucía: Creo que el mejor lugar para empezar, y lo que más harás como gerente aquí, es supervisar al personal. Tiendes a ser bastante bueno en el manejo de la gente, pero déjame decirte, ¡este es un nivel totalmente distinto!

Preguntas de comprensión

1. Cuando algo te pasa factura, significa que...
   A. Te cobra una cuota.
   B. Te da dinero.
   C. Te drena la energía.
   D. Te proporciona energía.

2. Hacer algo en un abrir y cerrar de ojos significa...
   A. Hacerlo con miedo.
   B. Hacerlo inmediatamente.
   C. Hacerlo con pánico.
   D. Hacerlo con pasión.

3. ¿Qué hay en el escritorio de la oficina de Lucía?
   A. Pilas de papeles y un retrato enmarcado
   B. Pilas de papeles y un adolescente
   C. Montones de dinero y el autorretrato de Lucía
   D. Montones de cajas de pizza y queso quemado

English Translation

(Mateo is at the pizzeria, negotiating with Lucía a promotion to a management position.)

Lucía: Are you sure about this? Don't do it unless you're 100 percent sure.

Mateo: I'm 100 percent sure. I have to come up with money somehow, and this will also allow you to take time off.

Lucía: I'm worried about whether or not you can handle the new level of stress that comes with being a manager. The responsibility of the job plus your schoolwork will take a toll on you over time.

Mateo: You said you'd promote me in a blink of an eye, didn't you?

Lucía: I didn't think you'd actually want the job.

Mateo: Neither did I until recently. I feel like my life isn't going in any direction right now, so I need to fix that by saving money to travel abroad.

Lucía: You said that you'd go on that trip in a year?

Mateo: That's right.

Lucía: Well, even if it's just a year, I'd rather have a temporary manager than no manager at all. So, with that said, welcome aboard Manager Mateo.

(Lucía gladly extends her hand and Mateo offers his with confidence. They shake hands.)

Lucía: Let me show you around the office.

Mateo: Sure thing.

(Hidden behind a massive pile of papers, Mateo notices a framed picture of a teenager placed on the desk.)

Lucía: I think the best place to start and what you'll be doing the most as a manager here, is to supervise the staff. You tend to be pretty good at handling people, but let me tell you, this is a whole other level!

CAPÍTULO VEINTIOCHO: TU CONSULTA GRATUITA

(Mateo está en la oficina de la consejera para saber más sobre el programa de estudios en el extranjero)

Consejera: ¿Alguna vez has viajado fuera del país?

Mateo: No lo he hecho, señora.

Consejera: Está bien. ¿Y qué esperas ganar participando en nuestro programa?

Mateo: Creo que estudiar en el extranjero me ayudará a encontrar mi lugar en el mundo.

Consejera: Creo que absolutamente puede ayudarte en eso. Ahora, ¿estás dispuesto a estudiar y a aprender un idioma extranjero?

Mateo: Por supuesto.

Consejera: ¿Tienes alguna experiencia en el aprendizaje de un nuevo idioma?

Mateo: Tomé algunas clases en la escuela secundaria.

Consejera: Muy bien. ¿Tienes alguna pregunta sobre nuestro programa?

Mateo: Tengo curiosidad. ¿Cómo llegaste a consejera aquí?

Consejera: ¡Oh! Bueno, yo hice mi propio viaje de estudios a Irlanda durante la universidad y disfruté cada segundo. Como resultado, yo quise ayudar a otros a tener esa misma experiencia al menos una vez en sus vidas.

Mateo: Ah, eso es genial. ¿Puedo hacer otra pregunta?

Consejera: Claro. ¿Cuál es?

Mateo: ¿Alguna vez extrañó su hogar mientras estaba en el extranjero?

Consejera: ¡Claro que sí! Pero es un pequeño precio a pagar por una experiencia que cambia tu vida. Hay un dicho que lo resume muy bien: "Para obtener algo verdaderamente significativo, hay que sacrificar algo".

Preguntas de comprensión

1. ¿Qué espera obtener Mateo con el programa de estudios en el extranjero?
    A. Ayuda para encontrar su lugar en el mundo
    B. Ayuda para encontrar el mundo
    C. Ayuda para colocar el mundo sobre sí mismo
    D. Ayuda para sí mismo colocándose en el mundo

2. ¿Qué tipo de experiencia tiene Mateo en el aprendizaje de un idioma extranjero?
    A. Él no tiene experiencia en el aprendizaje de un idioma extranjero.
    B. Él tiene un cinturón negro en el aprendizaje de idiomas extranjeros.
    C. Él tomó algunas clases en la escuela secundaria.
    D. Él tomó clases de karate cuando era niño.

3. ¿Qué significa sentir nostalgia por el hogar?
    A. Extrañar el hogar mientras se vive en el extranjero
    B. Estar harto del hogar mientras se vive en el extranjero
    C. Estar enfermo mientras se está en casa
    D. Perder un día de trabajo porque uno está enfermo

English Translation

(Mateo is at the counselor's office to find out more about the study-abroad program.)

Counselor: Have you ever traveled outside the country?
Mateo: I have not, ma'am.
Counselor: OK. And what do you expect to gain by participating in our program?
Mateo: I think studying abroad will help me find my place in the world.
Counselor: I think it absolutely can help you with that. Now, are you willing to study and learn a foreign language?
Mateo: Of course.
Counselor: Do you have any experience learning a new language?
Mateo: I took some classes in high school.
Counselor: Very well. Do you have any questions about our program?
Mateo: I'm curious. How did you get to be a counselor here?
Counselor: Oh! Well, I went on my own study trip to Ireland during college and enjoyed every second of it. As a result, I wanted to help others have that same experience at least once in their lives.
Mateo: Ah, that's cool. Can I ask another question?
Counselor: Sure. What is it?
Mateo: Did you ever miss home while abroad?
Counselor: Of course! But it's a small price to pay for a life-changing experience. There's a saying that sums it up quite nicely. "To get something truly meaningful, you have to sacrifice something."

CAPÍTULO VEINTINUEVE: ENTREVISTA CON UN POLÍGLOTA

(Para saber más sobre el aprendizaje de idiomas, Mateo ha estado viendo videos en YouTube. Un video en particular le llama la atención. Es una entrevista con un políglota que habla sobre cómo llegó a aprender ocho idiomas diferentes)

Entrevistador: ¿Está diciendo que no aprendió ninguno de estos idiomas en la escuela?

Políglota: Eso es correcto. El inglés fue el primero que aprendí. Tomé clases de inglés en la escuela primaria, pero parecía que solo memorizábamos listas de palabras, de vocabulario y reglas gramaticales. Esas clases no me ayudaron a entender el inglés hablado o a hablar como un nativo.

Entrevistador: Entonces, ¿cómo hizo para aprender esas cosas?

Políglota: En la universidad yo tenía mucho tiempo libre. Me aburría ver televisión y películas y jugar videojuegos después de las clases, así que decidí hacer algo más desafiante con mi tiempo. Pensé que esforzarme por aprender inglés sería lo mejor que podía hacer. Pasé todo mi tiempo libre viendo programas de televisión y películas solo en inglés, sin subtítulos en español.

Entrevistador: Guao. ¿Cuánto de todo eso pudo entender al principio?

Políglota: Prácticamente nada. Fue muy difícil al principio, pero también muy emocionante. Después de unos días de observación, empecé a notar que ciertas palabras y frases se repetían una y otra vez. Yo las anotaba en mi cuaderno y las buscaba en Internet después de cada programa. Seguí repitiendo este proceso una y otra vez. Después de unos meses, me di cuenta de que podía entender el 90 por ciento del inglés en la televisión y en las películas. Poco después, hablar me resultó muy natural. Yo estaba tan sorprendido con el proceso de aprendizaje que salí y apliqué la misma técnica a tantos idiomas extranjeros como pude.

Preguntas de comprensión

1. ¿Cuál fue el problema del políglota con las clases de inglés?
   A. Eran demasiado costosas.
   B. Eran demasiado aburridas y tediosas.
   C. Parecía que a los profesores no les importaba lo que enseñaban.
   D. Parecía que los estudiantes solo memorizaban listas de palabras y reglas gramaticales.

2. ¿Cómo aprendió el políglota inglés durante la universidad?
   A. Pasó todo su tiempo libre estudiando y obteniendo las mejores calificaciones posibles en clase.
   B. Pasaba todo su tiempo libre viendo la televisión inglesa y películas sin subtítulos en español.
   C. Pasaba todo su tiempo libre viendo la televisión española y películas con subtítulos en español.
   D. Pasaba todo su tiempo libre memorizando listas de vocabulario y reglas gramaticales.

3. ¿Cómo aprendió el políglota los otros idiomas?
   A. Escribió ciertas palabras y frases una y otra vez.
   B. Se dio cuenta de que podía entender el 90 por ciento de cualquier otro lenguaje después de aprender inglés.
   C. Repitió el vocabulario y las reglas gramaticales una y otra vez hasta que los memorizó.
   D. Aplicó la misma técnica a otros idiomas extranjeros como pudo.

English Translation

(To learn more about language learning, Mateo has been watching videos on YouTube. One video in particular catches his attention. It's an interview with a polyglot who talks about how he came to learn eight different languages.)

Interviewer: You're saying you didn't learn any of these languages in school?

Polyglot: That's correct. English was the first one I learned. I took English classes during grade school, but it felt like we were just memorizing lists of words, vocabulary, and grammar rules. Those classes did not help me understand spoken English or speak like a native.

Interviewer: So, how did you learn those things?

Polyglot: In college, I had a lot of free time. I got bored with watching TV and movies and playing video games after school, so I decided to do something more challenging with my time. I thought that striving to learn English would be the best thing I could do. I spent all my free time watching TV shows and movies only in English, without Spanish subtitles.

Interviewer: Wow. How much of it could you understand at first?

Polyglot: Practically zero. It was very hard at first but also very exciting. After a few days of watching, I started noticing certain words and phrases were being repeated over and over. I would write those down in my notebook and look them up on the Internet after each show. I kept repeating this process over and over. After a few months, I realized I could understand 90 percent of the English in TV and movies. Shortly after, speaking came very naturally to me. I was so amazed with the learning process that I went out and applied the same technique to as many foreign languages as I could.

DID YOU ENJOY THE READ?

Thank you so much for taking the time to read our book! We hope that you have enjoyed it and learned more about real Spanish conversation in the process!

If you would like to support our work, please consider writing a customer review on Amazon. It would mean the world to us!

We read each and every single review posted, and we use all the feedback we receive to write even better books.

ANSWER KEY

Chapter 1:
1) B
2) D
3) C

Chapter 2:
1) A
2) B
3) C

Chapter 3:
1) D
2) D
3) C

Chapter 4:
1) B
2) A
3) D

Chapter 5:
1) C
2) D
3) C

Chapter 6:
1) A
2) D
3) D

Chapter 7:
1) D
2) A
3) D

Chapter 8:
1) B
2) A
3) B

Chapter 9:
1) C
2) A
3) D

Chapter 10:
1) B
2) B
3) C

Chapter 11:
1) C
2) A
3) C

Chapter 12:
1) A
2) B
3) B

Chapter 13:
1) D
2) B
3) D

Chapter 14:
1) C
2) C
3) C

Chapter 15:
1) A
2) C
3) A

Chapter 16:
1) D
2) A
3) B

Chapter 17:
1) B
2) A
3) B

Chapter 18:
1) D
2) D
3) D

Chapter 19:
1) B
2) D
3) B

Chapter 20:
1) A
2) D
3) C

Chapter 21:
1) A
2) B
3) C

Chapter 22:
1) C
2) B
3) A

Chapter 23:
1) B
2) B
3) B

Chapter 24:
1) A
2) A
3) B

Chapter 25:
1) D
2) C
3) D

Chapter 26:
1) B
2) C
3) B

Chapter 27:
1) C
2) B
3) A

Chapter 28:
1) A
2) C
3) A

Chapter 29:
1) D
2) B
3) D